パーフェクトレッスンブック

ボルダリング

PERFECT LESSON BOOK

基本ムーブと攻略法

監修 野口啓代
(2009年、10年、14年、15年、ボルダリング・ワールドカップ女子年間総合優勝)

実業之日本社

introduction

ボルダリング。
それは「壁を登る」という
とてもシンプルな
スポーツだ。

まるでハシゴを登るように
テンポよく楽しめる壁もあれば、
全身を使いよじ登るように
難しさが伴う壁など
さまざまな楽しさがある。

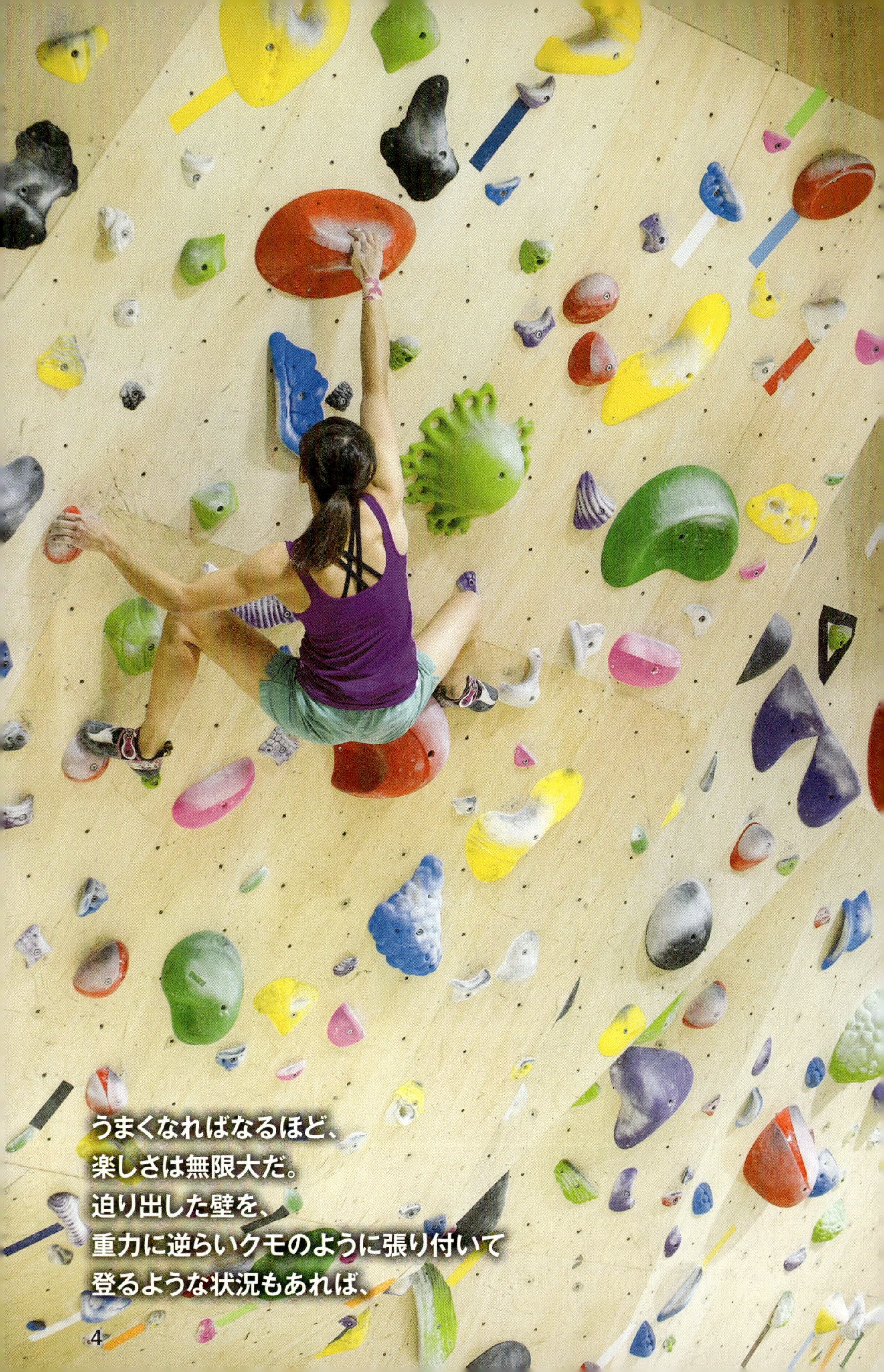

うまくなればなるほど、
楽しさは無限大だ。
迫り出した壁を、
重力に逆らいクモのように張り付いて
登るような状況もあれば、

自らの力を頼りにジャンプをし
身体の位置を移動させたり
アクロバティックな
動きが必要な状況も出てくる。

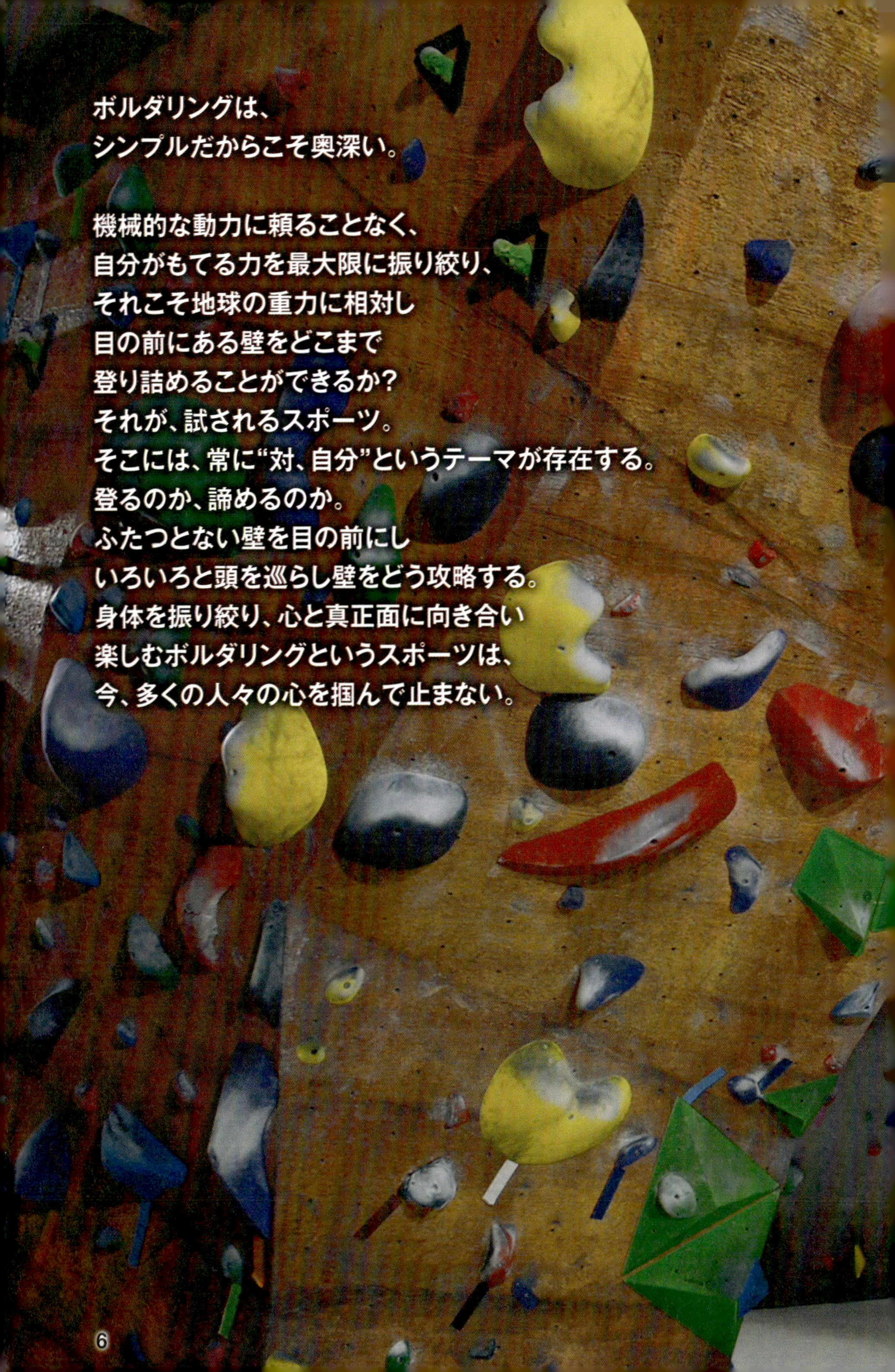

ボルダリングは、
シンプルだからこそ奥深い。

機械的な動力に頼ることなく、
自分がもてる力を最大限に振り絞り、
それこそ地球の重力に相対し
目の前にある壁をどこまで
登り詰めることができるか？
それが、試されるスポーツ。
そこには、常に“対、自分”というテーマが存在する。
登るのか、諦めるのか。
ふたつとない壁を目の前にし
いろいろと頭を巡らし壁をどう攻略する。
身体を振り絞り、心と真正面に向き合い
楽しむボルダリングというスポーツは、
今、多くの人々の心を掴んで止まない。

CONTENTS

Column

AR動画とあわせてクライミ

この本では、現実世界とデジタル映像を重ねて表示することができる拡張現実(AR=Augmented Reality)を採用。「AR動画連動」マークが付いているページは、ARアプリを利用して野口啓代本人によるクライミングテクニックの映像を見ることが可能だ。スマートフォンやタブレットに無料ARアプリ「COCOAR2」をインストール。アプリを起動させページにかざして、あらかじめ設定されているARマーカーをスキャンすることで、画面上にクライミングテクニックの動画が映し出される。詳しい使い方は下記をチェック!

❶アプリをインストールする

COCOAR2を準備

スマホやタブレットなどで、App Store (iphone) か Google play (android) にアクセス。無料アプリ「COCOAR2」を検索し、インストールボタンをタッチすることでインストールがスタート。

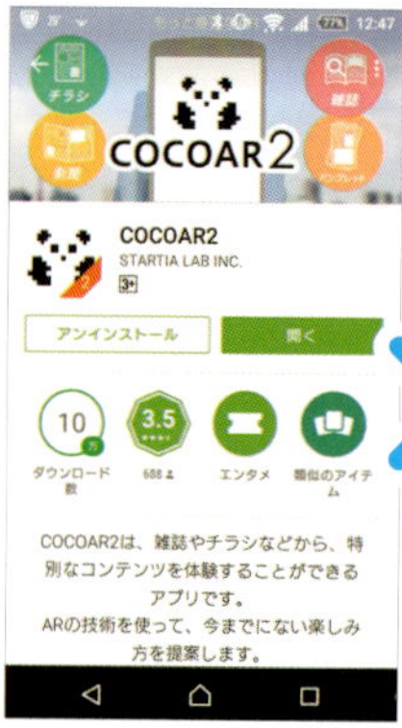

インストール完了

画面に左のようなパンダのアイコンが出現するとインストールが完了したことになる。初めてCOCOAR2を起動する時のみアプリの使い方からスタート。その後は、スキャン画面から始まる。

❷マーカーをスキャン

アプリを起動する

起動すると、すぐにスキャン画面が立ち上がる。あらかじめ用意されているマーカーへカメラを向けて、オレンジの四角い枠のなかに映す。この本のマーカーは右ページを確認。

動画をダウンロード

マーカーへカメラを向けると、自動でスキャンが始まる。スキャンが成功すると、左のようにダウンロードが実行され、完了すると動画再生がスタートする。

COCOAR2はスターティアラボ㈱が開発したスマートフォンとタブレットで利用できるアプリです。

ングテクニックをチェック!

❸動画を見る

見ている映像の「少し前を見たい」といった場合、映像を進めたり、戻したりすることができる。その場合は、再生画面の右下（縦位置の場合は左下）の【i】ボタンをタッチする。

【i】ボタンをタッチすると左の写真のように、画面下にシークバーが表示される。そのバーを右にスライドすることで映像が進み、左にスライドすることで映像が戻る。

ここをスキャンしよう!

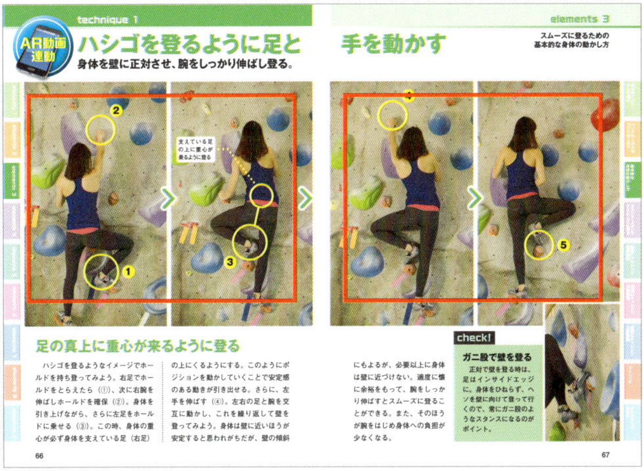
technique 1
elements 3
AR動画連動
ハシゴを登るように足と手を動かす
スムーズに登るための基本的な身体の動かし方
身体を壁に正対させ、腕をしっかり伸ばし登る。
支えている足の上に重心が乗るように登る
足の真上に重心が来るように登る
ハシゴを登るようなイメージでホールドを持ち登ってみよう。右足でホールドをとらえたら（①）、次に右腕を伸ばしホールドを確保（②）。身体を引き上げながら、さらに左足をホールドに乗せる（③）。この時、身体の重心が必ず身体を支えている足（右足）の上にくるようにする。このようにポジションを動かしていくことで安定感のある動きが引き出せる。さらに、左手を伸ばす（④）。左右の足と腕を交互に動かし、これを繰り返して壁を登ってみよう。身体は壁に近いほうが安定すると思われがちだが、壁の傾斜にもよるが、必要以上に身体は壁に近づけない。適度に懐に余裕をもって、腕をしっかり伸ばすとスムーズに登ることができる。また、そのほうが腕をはじめ身体への負担が少なくなる。
check!
ガニ股で壁を登る
正対で壁を登る時は、足はインサイドエッジに。身体をひねらず、ヘソを壁に向けて登って行くので、常にガニ股のようなスタンスになるのがポイント。
66
67

この本では、ARマークが付いたページでクライミングテクニックの動画が見られる。映像が見たいページを開き、左ページもしくは、右ページの写真（赤く囲っている部分）をスキャンする。左ページ、右ページどちらをスキャンしても見開きページで紹介しているテクニックの映像を読み込む仕組みとなっている。

※機種のバージョン、電波状況によっては使用できない場合もあります。COCOAR2 の対応機種や注意事項を確認してください。
※動画は 2022 年 1 月まで再生可能です。再生できない場合は、編集部までお問い合わせください。

elements 1

ボルダリング&ジムの基本

CONTENTS

ボルダリングを始めよう!

気持ちがあれば、どんな人でも楽しめるスポーツ

ボルダリングジム

近年、日本各地で増え続けているボルダリングジム。さまざまな傾斜や課題が設定された壁が用意され、初級者から上級者まで楽しむことができる。場所によっては子どものスクールを行なっているジムもある。

photo:Eddie GIANELLON

外岩

自然にある岩場で登って楽しむ人々も多い。そもそも、ボルダリングは自然界の岩場を登る行為からスタートしている。

道具を多用せず、身体ひとつあれば楽しめるスポーツ

ボルダリングのそもそもの始まりは、ロッククライミングのひとつ「フリークライミング」のトレーニングとして低い岩場を安全用具などを付けずに登る行為からスタートしたといわれる。近年は、少ない道具で（クライミングシューズと、汗を吸収し手がすべるのを防ぐチョーク）で始められるとあって、ロッククライミングのトレーニングとしてではなく、ボルダリングそのものを楽しむ人が増えている。ボルダリングは、自然にある岩場で登る楽しみ方と、人工の壁にさまざまな課題が設定されたボルダリングジムで楽しむ方法とふたつある。街なかなどにあるボルダリングジムは、手軽に通えるとあって年々来場者が増えている。しかし、自然界の岩場も特有の楽しさがあり、岩場を好んで足しげく通う人も少なくない（詳しくはp188へ）。

野口啓代とクライミング

家族旅行のグアムで、初めてクライミングと出会った

今でも登ることが楽しくてたまらない。ボルダリングは永遠に飽きることがない!

　クライミングを始めて16年近くなります。遊びで始めたクライミングも、今では選手として、またひとりのクライマーとして世界のさまざまな場所で、そして、世界のいろいろなクライマーと登り合えるまでになりました。ただ登ることが楽しくて続けてきたクライミングですが、これまでこうして長く続けられているのには、きっかけがあります。それは、大会での優勝です。

　大会は、練習とは違う雰囲気があります。そこには、独特の緊張感のなかで普段とは格段に違う高い集中力で壁に臨んでいる自分がいます。そうしたことを感じ取ることがとても心地いいから、そして優勝するために強くなりたいから、今でも大会に出場し続けるし、世界を転戦できるのだと思います。

　そして、ワールドカップでの優勝はまた格別です。ワールドカップでは、たびたび自分の限界以上のパフォーマンスが発揮できたりします。それを味わうことを楽しみ、そして、そこで味わう感動を求めて出場しています。これまで4回、女子の年間総合優勝を経験していますが、それでも満足できない。まだ、あのワールドカップの雰囲気のなかで壁を登りたい。課題を攻略したいと考えています。ワールドカップは、私にとって生き甲斐です！

　そして、ボルダリングそのものもまったく飽きることがありません。永遠に飽きが来ないといっても過言ではありません。どれだけ苦労しても、どれだけ登り続けても、また登ることができない壁が私の前に現れます。それを登ったとしても、また新たな壁が現れます。どんな壁が現れても登ることができる自分を目指し技術を極め楽しみたいと思っています。

　私にとってクライミングは、初めて登った時からただただ登っているだけで楽しい、一番好きな遊びです。その気持ちは今も変わることはありません。最近は、外岩で登る頻度も多くなってきました。外岩には、ジムとは違う楽しさがあります。

　ボルダリングをはじめ、クライミングはシンプルなスポーツですが、極めようとするととても奥深いものがあります。私はこれからも、自分なりのクライミングを極めるために、楽しみながら登り続けます。

プロフィール

1989年5月30日生まれ、茨城県出身。小学5年生の時に、家族旅行で訪れたグアムで初めてフリークライミングを体験。その楽しさに目覚め、翌年には本格的に大会に出場。02年、全日本ユース選手権に出場し優勝。この大会を皮切りに、女子クライミングシーンで頭角を現す。08年、日本人としてボルダリング・ワールドカップで初優勝。09年には、日本人女性として初めて年間総合優勝を果たし、翌年も総合優勝。2連覇を達成。14年、15年と、改めて年間総合優勝を獲得し、世界のトップクライマーとして揺るぎない地位を得る。近年は、外岩での活動も積極的だ。

ボルダリングってどんなス

身体ひとつで始められる、入り口は広く奥が深いスポーツ

魅力その1
Attraction 1
気軽に楽しめる
Feel free
魅力その2
Attraction 2
ゲーム性
Game
魅力その3
Attraction 3
フィットネス効果
Fitness effect
ボルダリングの3つの魅力
Three Attractions of Bouldering

ポーツ!?

魅力その1 Attraction 1
身体ひとつで気軽に始められる

クライミングシューズやチョークを除けば特別なギアを必要としない。何か道具を購入しないと始められないということがなく、シューズをはじめ必要な道具は、ジムでレンタルすることも可能。道具が何もなくても、身体ひとつあれば始められる。また、年齢や性別を問わず楽しめるのも魅力だ。

魅力その2 Attraction 2
課題を攻略する、ゲーム的なおもしろさ

ボルダリングの楽しさのひとつに「課題」がある。壁には、初級者からエキスパートまでそれぞれが楽しめるように課題が設定されている。これは、難易度によって区分される。さまざまな難易度を、身体と頭をどのように使って攻略するかというゲーム的な要素が大きな醍醐味となっている。

魅力その3 Attraction 3
身体全体を使うことでフィットネス効果が高い

ボルダリングは、全身を使って楽しむスポーツ。課題によってはいろいろな体勢をとる必要があるので、普段使わない筋肉からインナーマッスルまでフルに使う必要がある。だから、ボルダリングを続けていると全身の筋肉を使うことになるので、自然と身体もシェイプされる。

check!

登り慣れてきたらコンペに出てみよう！

いずれ挑戦してほしいのがコンペティション（競技会、以下コンペ）。コンペは、ジム主催のものからメーカーや山岳協会が主催する本格的なものまでさまざま。普段登ることがない、個性豊かな課題が楽しめたり、自分のレベルがどれくらいかを知るチャンスでもあるので、さらに楽しさが広がるはず。

クライミングシューズの選び

足が使いやすくフィット感のいいシューズを選びたい!

足型にあうシューズを撰ぶ

ボルダリングをするうえで、後にも先にも大切になるのがクライミングシューズ（以下、シューズ）。しっかりと足元の感覚を感じ取るために、またホールドや壁をイメージ通りにとらえるためには、自分の足にあったシューズを選ぶのが大事なポイントとなる。シューズ選びにはいくつかポイントがあるが、最優先したいのはフィット感。緩みがなくジャストフィットするシューズを選びたい。シューズは、使っていると汗を吸収するので、履き続けているうちに足に馴染んでくる。多少キツメのものを選ぶ人もいるが、まずはクライミングショップのスタッフにいろいろと聞いてみよう。足の型などを見てもらいながら、しっかりと吟味して自分にあったシューズを選ぶようにしたい。

check!

まずはレンタルギアを借りて登ってみよう

ボルダリングジムには、必ずシューズをはじめボルダリングを楽しむための必要最低限のレンタルシューズやチョークが用意されている。「ボルダリングを始めたい！」と思ったら、まずはジムへ行ってレンタルグッズで楽しむのもいい。シューズの購入は、決して安い買い物ではない。ジムのレンタルで、シューズがどういうものかを感じたり、またはジムのスタッフにシューズ購入のアドバイスをもらったりするといいだろう。

方とその種類

クライミングシューズは主に3タイプ

クライミングシューズは、主に3つのタイプに分かれる。紐で締め具合を調整するシューレースタイプと、容易に脱ぎ履きができ、さらにフィット感の調整がしやすいベルトで締め具合を調整するベルクロタイプ。最後は、部分的にゴムが採用されていて、ヒモやベルクロが一切付いていないスリッポンタイプだ。履き心地を確かめて自分の好みでチョイスしよう。

シューレース

紐（レース）の締め具合で調整できるシューズは、足をしっかりと固定でき、一番フィット感を出しやすいタイプ。ただ、脱ぎ履きが容易にできないので、初級者などには不向きかもしれない。

ベルクロ

ベルクロが付いたベルトで締め具合を調整するタイプ。微妙な締め具合の調整も簡単にでき、脱ぎ履きも楽。一番使い勝手のいいタイプ。初中級レベルの人に人気の高いモデルだ。

スリッポン

スリッパを履くように、足を突っ込むだけで履けるタイプ。脱ぎ履きは容易にできるが、しっかりと足を固定するのは難しく、足型があわないと、微細なフィット感が出しづらい傾向にある。

ダウントゥ

文字通りつま先が下がったシューズは、上級者モデルに多い形状だ。トウ部分に力を集めやすく、つま先を効果的に使うことができる。ホールドのとらえもダイレクト感があり、非常に扱いやすい。ダウントウのシューズは、つま先がシューズの内側に入り込むターンイン形状のものが多い。ターンインしたシューズは、小さいホールドがとらえやすい。また、傾斜のきつい壁でもつま先に力を集めやすく、とくにインサイドエッジが使いやすい。

フラット（ストレート）

足の裏がダウントウのように下がらずに、まっすぐの状態のシューズ。ホールドに足が乗せやすく、初級者が使うようなモデルに多い形状だ。窮屈さを感じずに、ストレスなく登ることができる。

野口啓代が必ず持ち歩いている

自分にフィットする道具を揃えて登る気持ちを高めよう

動きやすいクライミングウエア

ウエアは基本的にどんなものでも構わない。壁の傾斜や課題によっていろいろな体勢で登ることになるので、そうした動きに対応できるものであればとくにこれというものはない。自分が動きやすいもの、ストレッチ性があるウエアであればよりベターだ。ただ、パンツの裾がひろがっていると、足元が見づらかったり、間違って踏んでしまうこともあるので注意したい。

ストレッチボール

床に仰向けになり、首と床、背中と床の間に挟み身体を上下に動かすことで、首や背中のこりをほぐすことができる簡易ケアグッズ。ちょっとした時間に簡単に使えるのがいい。

汗拭きタオル

ボルダリングは激しく動くスポーツではないが、壁に登っている間は全身を使うので、思った以上に汗をかく。また、終わったあとに、足を洗ったりするのでタオルは携帯しておきたい。

ハンドケアグッズ2

テーピングはケガの予防、指や手首、足首などの関節に巻き、傷害を受けやすい部分の補強に役立つ。つめ切りは、つめが長いと登る時に割れたりするので、整えるために必要だ。紙ヤスリは、登り続けることで厚くなる指先の皮を削るのに最適。皮が厚くなると、指先の感覚が鈍るので、皮が厚くなったら紙ヤスリで削るようにしたい。

ボルダリングギア

チョーク&チョークバッグ、ブラシ

壁を登る時に不可欠なチョークとそれを入れるチョークバッグ。レンタルしてくれるところもあるが、登り慣れたらマイチョークを持ち歩きたい。ちなみに、チョークはすべり止めに必要不可欠だが、チョークそのものにはすべり止め効果はない。粉が汗を吸収することですべりを防いでいる。チョークには、粉状のものと液体状のものがあり、自分の好みで使い分けたい。あと、ホールドに付着したチョークをかきとるブラシも準備しておこう。登る前に付着したチョークをかき取り、きれいにして登りたい。また、登り終えたあとも次の人のためにチョークを落としておこう。

クライミングシューズ

22-23 ページ「クライミングシューズを用意しよう!」を参照

テーピング

手首に巻くテーピングは、必須ではないが、巻くとケガの予防や、力も入れやすくなり使う人は意外に多い。最近はデザイン性も高まり、好みのデザインのものを身につけ登る気持ちを高めたい。

ハンドケアグッズ1

いきなり登ると指の腱を痛めケガの原因にもなるので、手のウォームアップ用の小物があるといい。ハンドグリップやゴムボールなどがあれば、いつでもどこでもケアしたり鍛えることができる。日頃から、左右差が出ないように鍛えておきたい。

ボルダリングはどこで楽し

さまざまな壁が楽しめるボルダリングジムへ足を運んで

める？
みよう!

カジュアルな感覚で楽しめるようになったボルダリングジムが増えてきた

レンタルシューズ&チョークが用意されているのは当たり前

ジム内でボルダリングに必要なクライミングギアを購入することが可能なジムもある

ボルダリングジムへ行こう!

近年、日本各地にボルダリングジムが増えている。インターネットを使用すれば「ボルダリングジム」あるいは「クライミングジム」といったキーワードで検索すれば、近隣のジムは当然のこと、人気があるジムや話題のジムのサイトが素早く検索できる。また、ボルダリングを専門としたWEBサイトも増え、ボルダリングについてさまざまな内容を調べる環境は、以前にも増して整っている。ボルダリングジムは、さまざまなレベルに対応する壁や課題が揃い、クライミングシューズやチョーク類のレンタルも充実。シューズサイズも幅広く揃えるジムが増えてきた。また、ジムのスタッフはそのほとんどがボルダリングの経験者だったりするので、今時のボルダリングの生の情報を得ることができる。ギアのことから、壁を登る時の身体の使い方など、わからないことはなんでもスタッフに聞いてみよう。ジムによっては、レベルに応じたレッスンを開催しているとこともある。確実な上達を目指すならば、レッスンに参加するのもおすすめだ。

ホールドの種類を覚えよう!

壁の表面に設置された突起物をホールドと呼び、それぞ

elements 1
elements 2
elements 3
elements 4
elements 5
elements 6
elements 7
elements 8
elements 9

ホールドの特徴がわかれば対処もスムーズにできる

壁に設置された人工的な突起物をホールドと呼ぶ。ホールドにはさまざまな種類と特徴があるので、その名前を覚えておこう。そうすれば、レッスンの時もスムーズに話しが理解でき、課題に素早く取り組めるからだ。

カチ

レベルが上がってくると、課題のの中にでてくる小さいホールド。簡単に掴みにくく、4本の指を立てそこに親指を沿えるような形で掴むことで安定感を出すことができる。

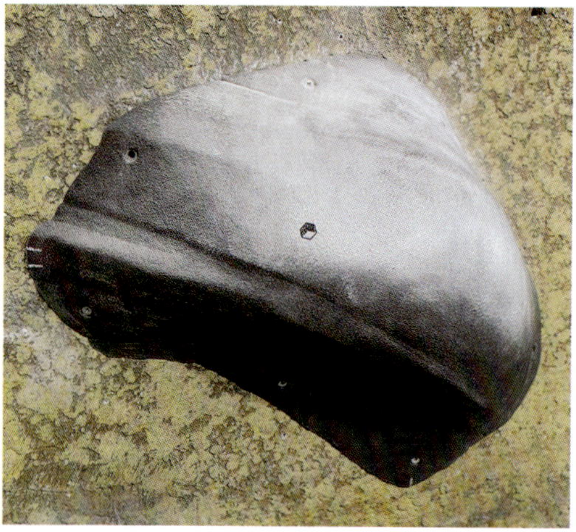

スローパー

掴みどころのないホールド。全体的に大きく丸みを帯びたホールドは、手のひら全体で押さえ付けるようにとらえにいこう。中級以上の課題で使用されることが多い。

れに特徴がある

ピンチ

親指と４本の指で挟むようにして掴むホールド。力を使うが、その分安定感も出しやすい。比較的、縦向きに設置されることが多いホールド。

ポケット

穴があいたホールドは、数本の指でひっかけたり、つま先を突っ込んでひっかけたりする。指をひっかける時は、ひっかけることができる指の本数が多ければ多いほど安定する。

ハリボテ

とくに上級課題で使用される大きなホールドのこと。円錐や半球などさまざまな形があり、その大きさによって掴みにくいのがポイント。ホールドの上に、さらに小さなホールドが設置されている場合もある。

check!

ホールドを設置するための穴には絶対に指を入れない

壁やハリボテの表面には、ホールドを設置するための小さいボルト穴がある。この穴には指を引っかけないように注意しよう。なぜなら、この小さな穴は入っても抜けにくい場合があるからだ。抜けないと非常に危険なので、ボルトの穴には絶対に指は入れないこと。

壁の種類を覚えよう!

傾斜の度合いでそれぞれに特徴がある

壁の特徴を理解できれば 動きもスムーズ

スラブ

壁の斜度が、90度以下のものを基本的に「スラブ」と呼ぶ。傾斜が緩いので、簡単に登ることができそうに思われがちだが、ホールドの配置によっては、非常に難しい壁になることもある。スラブ＝初心者の壁ということではない。

垂壁

その名の通り、地面に対して90度に立てられた壁のことをいう。垂壁も、傾斜的な見方をすると、それほど難しさは感じないが、そこはスラブと同様に課題次第。ホールドの設置の仕方によっては、とても難しい壁になることもある。

ホールドの種類と同様に、壁にもその角度によって呼び名がある。その呼び名を覚えておけば、レッスンではスムーズに説明を理解することができ、またジムに通う人と会話をする時もスムーズに話をすることができる。

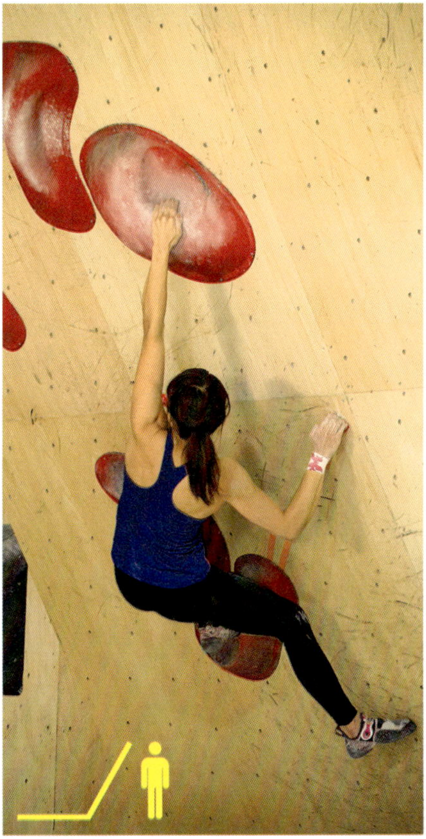

前傾壁
　自分の身体に覆い被さってくるように90度以上の角度がついた壁のことを前傾壁と呼ぶ。角度が付いている分、簡単ではない。さらに、130～150度くらいの壁をオーバーハングと呼び、180度の天井の壁はルーフと呼ぶ。

コーナー(カンテ)
　壁と壁が合わさる部分を、コーナー、あるいはカンテと呼ぶ。ハンドホールド(P52)のところで紹介するカンテは、コーナーの部分を掴むことから呼び名が付いた。ジムによっては使ってはいけないところもあるので、利用する前に確認しよう。

安全に登り、そして降りる

まずは目の前の壁を登り、そして降りてみよう

最初は、掴みやすそうなホールドと大きなフットホールドを選んで登る

　その日初めて壁を登るという時は、ウォームアップを兼ねてスラブや垂壁の壁を登ってみよう。とくに課題などを意識せず、上下左右に自由に動きながら壁を登ってみる。全身を使って動くことが大切だ。腕の力だけに頼りすぎず、足の力もうまく使い登る。しっかりとホールドを掴み、またホールドに足を置いて、感触を確かめながら登り降りしてみる。まずは、安全を意識してムリをせず、ホールドをしっかり掴み、スムーズに腕や足を運びながら動いてみる。

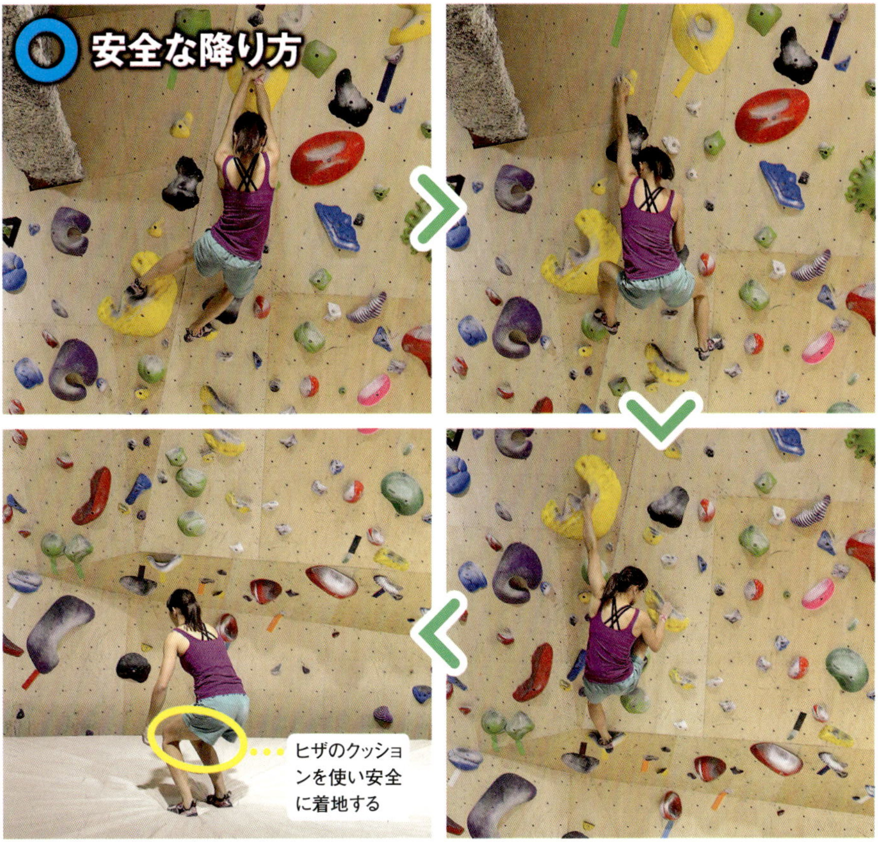
安全な降り方
ヒザのクッションを使い安全に着地する

ホールドを確保しながら安全に降りる

クライミングにおいて、もっともケガのリスクが高いのが、着地の場面である。登ることだけに集中してしまうと、誤って危険な体勢で落ちてしまうこともあるので注意が必要だ。常に、落下した時の体勢を想定しながら登るように心がけたい。課題を攻略できた場合も、気を抜かずに自分が安全だと思える高さまでクライムダウン。そこから、両足でバランスがいい体勢で着地できるように降りよう。着地の際は、ヒザを充分に曲げクルマのサスペンションのように衝撃を吸収する。ちなみに完登後、クライムダウンする時は、どのホールドを使って降りても問題はない。

危険な降り方

高いところから飛び降りないようにしよう

ゴールから一気に飛び降りない

壁の最上部、ゴール部分から飛び降りることはしないように。うまくマットの上に落ちたとしても、バランスを崩して壁に倒れ込んだり、あるいは勢いがありすぎて着地で尻餅をついたりしたら、ケガをする恐れがある。足首をひねったり、その影響でヒザをひねったりと、高い場所から飛び降りても決していいことはない。壁から降りる時は、どのホールドを使ってもいいので、できるだけ最後までホールドを辿りながら降りるようにしよう。自分で飛べると思っても、まずは自分の真下や付近に誰もいないことを確認して、大丈夫な高さまで降りて来てからにしたい。

スタートとゴールの仕方

スタートとゴールのやり方は、どのジムでも課題でも共通だ

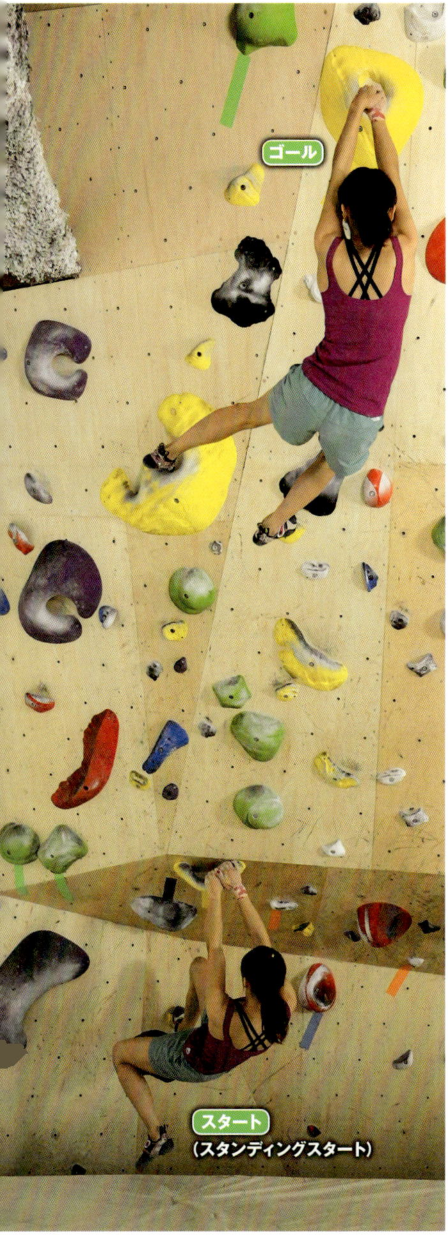
ゴール
スタート
(スタンディングスタート)

スタートもゴールもホールドをしっかりと両手で持つ

課題を登る時、スタートとゴールにはルールがある。これは、どのジムでも一緒。スタートとゴールのホールドの設置部分の壁には、必ずテープが貼ってあり、それがスタートとゴールを示す印となる。スタートもゴールも、テープが貼られたホールドを両手で掴む。足は、スタート時に指定されたホールドに乗せる。ゴールと指定されたホールドを両手で掴めば完登となる。スタート位置が低い場合は、下の写真のようにマットに座った状態からスタートする。ちなみに、このスタートの仕方を「シットダウンスタート」と呼ぶ。

シットダウンスタート

AR動画連動

課題攻略がボルダリングを

壁には難易度が異なるさまざまな課題がある

黄色ホールド×黄色テープ課題の前半を、一手ずつ写真で紹介しています。身体の動かし方を映像と交えて見てみよう

さらに楽しくする

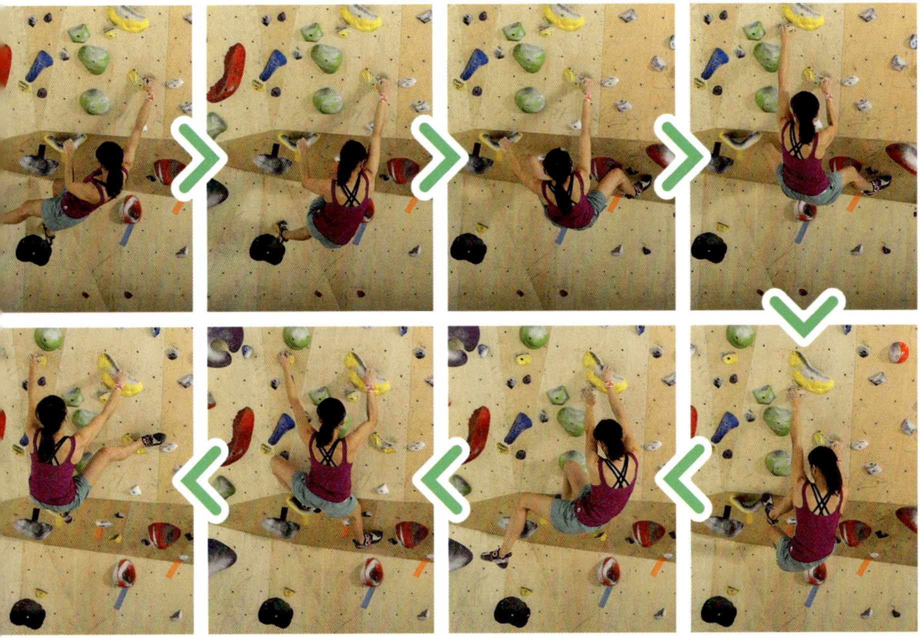

課題の難易度は色分けで表示され、ジムごとに色の使い方は異なる

壁の上には、さまざまな課題が設置されている。そして、そのなかからひとつの課題を見つけるためには、以下のルールを理解していれば簡単だ。課題は、必ず指定されたハンドホールドを下からつないでいくことがルールとなる。左ページを見てみよう。この場合は、黄色ハンドホールドとフットホールドのスタートとゴールに、黄色いテープが貼られ、課題が指定されている。このような組み合わせを「手足限定」と呼ぶ。ここで紹介している課題は、黄色いホールドを手と足でとらえひとつひとつ辿り攻略するよう示している。ちなみに、手だけ限定、足は自由に使える「足自由」という課題もある。課題の難易度は基本的に色分けされ、これはジムごとに異なる。そして、課題の難易度については、ジムのいたるところに説明書きがあるが、わからない時はスタッフに確認してみるといいだろう。

ボルダリングジムで守ること!

さまざまな人が楽しむジムでは、最低限のルールをしっか

ひと壁ひとりが原則

いろいろな課題が展開される壁は、基本的にひとつの壁を利用する時はひとりで楽しむのが基本。成功しても失敗しても、１回の挑戦が終わったら必ず次の人に交替するように。これは、気持ちよく楽しむためのマナーだ。

ひとつの壁を、たくさんの人数で登らない

仲間同士て来ているからといって、ひとつの壁を仲間同士で占領するのは厳禁。もし、上と下で別々の人が登っていて、上の人間が落ちたりしたらケガの原因にもなりかねない。ひとつの壁を利用できるのはひとり。順番を守って楽しく安全にクライミングをしよう。

誰かが登っている壁の下には絶対に入らない

登っている人がエキスパートでも初級者であっても、登っている壁には近づかないのが原則。どういったレベルの人でも、壁から剥がれ落ちてしまうことがあるからだ。万が一、誰かが下にいたとした、それは単なるケガでは済まされない。

り頭に入れておく

壁をひとり占めしない

ジムが混んでいる混んでいないに関わらず、壁は1回挑戦して終わったら他の人に必ず譲るようにする。もし、利用者がいない壁だったとしても、ずっと登り続けることはマナー違反。一度は壁から離れる。それで使う人がいないようであれば、改めて壁に挑戦しよう。

マットに座らない

壁を登る時以外のタイミングで、壁の下に敷いてあるマットに座ったり、あるいはマットの上を歩き回ったりすることはマナー違反。クライマーが落下した際に、誤って接触してしまいケガの原因にもなりかねない。マットには座らないようにしよう。

check!

子どものケガを防ごう！

小さな子どもを連れてジムに行く際は、子どもから目を離さないように注意。子どもの動きは予測しにくく、いくらジムのルールを教えたとしても、楽しくなって気持ちが高ぶると、そのルールも忘れがちになる。不意にマットに飛び出して接触事故に巻き込まれてしまう可能性もある。登っているクライマーの集中を損ねることにもなるので、子どもから目を離さないこと！

elements 2

基本テクニック ハンドホールド&フットホールド

hand hold／ハンドホールド

CONTENTS

foot hold／フットホールド

ハンドホールド01・02

ホールドの形に合わせて、指、手を使い分ける・1

hand hold 01
ガバの持ち方

ガバホールド（以下、ガバ）は、「ガバッと持てるホールド」というところからこの名がついた。ガバは、指をしっかりとホールドに引っかけ手のひら全体を使って持つようにしたい。ちなみに、ガバホールドは、本来は「ジャグホールド」と呼ぶ。

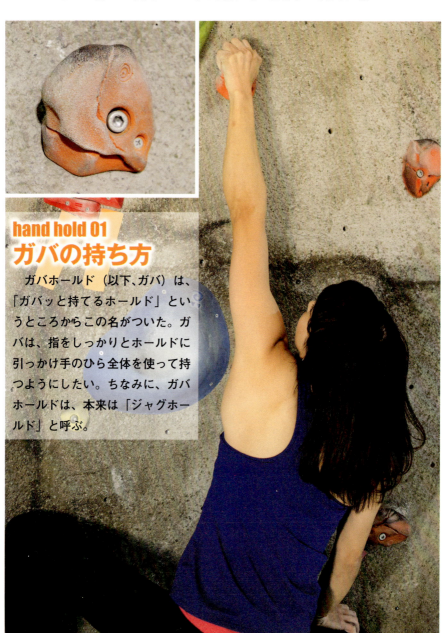

ハンドホールド&フットホールド**

hand hold 02
カチ持ち（クリンプ）

　ボルダリングのなかでも、とてもオーソドックスな持ち方。親指以外の指を隙間なく並べ第一関節を曲げないようにしてホールドに立てる。親指は人差し指の横に沿えるように置く。別名「クリンプ」とも呼ばれる持ち方は、指への負担も大きいので使い過ぎに注意したい。カチという小さいホールドや、スローパーなどの大きいホールドでもよく使う。

ハンドホールド03・04

ホールドの形に合わせて、指、手を使い分ける・2

hand hold 03
オープンハンド

　カチ持ちとは逆に、指の第一関節をホールドに引っかけ、第二関節から伸ばし「ぶらさがる」ようなイメージで持つ持ち方。ホールドと手の摩擦を利用して持つので、カチよりは力を必要としない。遠くにあるホールドを掴みにいく時に使うと効果的。手の下に身体の重心があると、ホールドが持ちやすい。

ハンドホールド&フットホールド**

肩から一気に抱え込んでいくイメージで

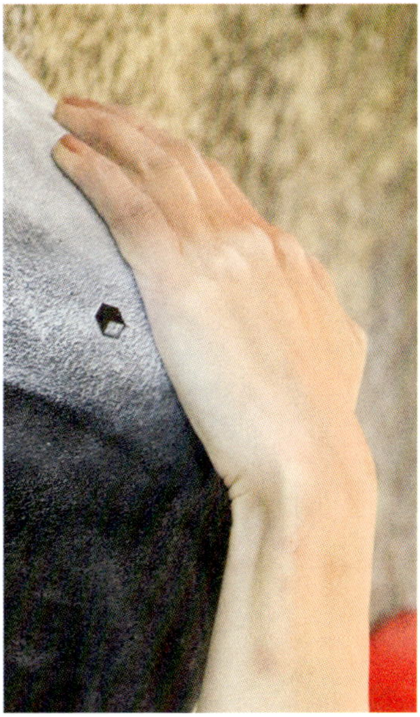

hand hold 04
パーミング

　大きく丸みのあるホールドを持つ時に使う。手のひら全体をホールドに押し付けるようにとらえる。この時、手で身体を引き上げようとするのではなく、身体の中心にホールドそのものを肩からダイナミックに抱え込んでいくようなイメージで身体を動かし、全身を上方向に持ち上げていく。そうすると、スムーズに身体が動く。

ハンドホールド05･06

ホールドの形に合わせて、指、手を使い分ける･3

hand hold 05
ラップ

スローパーのように丸みを帯びた大きなホールドや、出っ張ったホールドを持つ時に効果的な持ち方。小指を壁側に置き、手のひらと指全体でホールドを、文字通り包み込む（ラップ）ようにして持つことから、このように呼ばれている。

ホールドを持つ手は、上半身全体で持ち上げるように引き上げる
ホールドを脚全体で押さえつけるように踏み込む

hand hold 06
アンダークリング

手がかかる位置が下を向いているホールドで効果を発揮する持ち方。手で持っているホールドは、腕だけでなく上半身全体でホールドを持ち上げるような意識で引き上げる。逆に足は、フットホールドを押さえ付けるような意識で踏み込むとしっかりと力が伝わる。上半身と下半身を使い拮抗させることで、安定感が引き出せる。

ハンドホールド07・08

ホールドの形に合わせて、指、手を使い分ける・4

親指と中指でしっかり
とホールドをとらえる

hand hold 07 ピンチグリップ

文字通り、ホールドをつまむように持つことから、この名がついた。大きめのホールドの時は、親指と人差し指、または親指と中指を中心に指全体で持つようにすると効率がいい。小さめの場合は、親指と中指でしっかりとつまみ、持ち上げるイメージで持つようにしたい。

壁に押さえ込む
ような意識で
ヒジを身体の
外に出す意識

hand hold 08
ガストン

基本的にホールドは、脇を締めて持っているホールドを身体の内側、もしくは真下に引いて持つ。しかし、ガストンはヒジを開きホールドを身体の外側に押し出すように握る。さらに、持っている手を押すだけでなく、胸を張り首を長くし、胸の中心から押すイメージをもつと正しいポジションで力を発揮しやすい。ただ、ガストンは肩への負担が大きいので多用しないよう注意したい。

ハンドホールド09・10

ホールドの形に合わせて、指、手を使い分ける・5

hand hold 09
ポケットの持ち方

　ポケットとは、その名の通り穴の空いているホールドのことをいう。このホールドを掴む時は、基本的に一番力を込めやすい中指と薬指の２本を使うが、穴のサイズによっては人差し指と中指を使うこともある。穴が極端に小さい場合は、指１本で持つこともあるが、負担が大きいのでケガをしないように注意したい。

check!

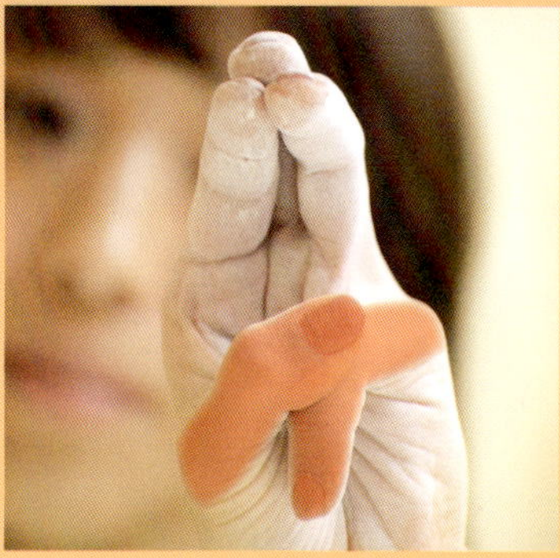

残りの指も意識する

　ポケットは、ホールドにかけていない指もしっかりと意識したい。写真のように、かけていない指は手のひらの上に収まるように折り畳み固定する。こうすることで、ホールドにかけている指にしっかり力を伝えることが可能になる。また、写真のように３本の指を重ねて使う持ち方を、米俵に似ていることから「俵持ち」という。

Three fingers
「俵持ち」

Two fingers

One finger

ハンドホールド&フットホールド**

ヒジをしっかり伸ばし、手とヒジ、肩が一直線になるように力を使う

hand hold 10
サイドプル

　横方向に手がかかるホールドの持ち方。ガストンとは対照的に、親指が上方向になるようにホールドを掴み、脇を締めるイメージで手とヒジ、肩が一直線になるようにしてホールドを身体に引き付けるように力を使う。ホールドの横方向に身体を充分に上げてから使いたい持ち方だ。

ハンドホールド11

ホールドの形に合わせて、指、手を使い分ける・6

手を身体に引き付けるように力を働かせる

hand hold 11 カンテを持つ

課題によって、手頃なホールドはないが、どこかを持ちたいという時に、壁のコーナー部分、いわゆるカンテを直接持つという方法がある。この持ち方は、引っかかりがないので、非常に難しいテクニックといえる。これもサイドプルと同じように、手を身体側に引き付けるように力を働かせることがポイント。状況に応じてカンテを有効に使えると、課題を攻略する幅が広がる。ぜひ使えるようになりたいテクニックのひとつだ。

フットホールド01

ホールドの形に合わせて、足を使い分ける・1

foot hold 01
スメアリング

シューズのソールとホールドのフラット面や壁を使い、身体を支えるテクニック。基本、ソールとホールドや壁との摩擦力だけで押さえる。課題を攻略中に、ちょうどいいホールドがない場合は、写真のように迷わず壁に足を押し付けスメアリングで対応。状況次第では、つま先だけを使う場合もある。いろいろな場面で使い勝手のいいテクニックだ。

フットホールド02

ホールドの形に合わせて、足を使い分ける・2

foot hold 02
フロントエッジ、インサイドエッジ、アウトサイドエッジ

ボルダリングの基本となる足の置き方。壁に対してつま先を正面から置くのが「フロントエッジ」。親指側を壁に押し当てるように置くのが「インサイドエッジ」。逆に、小指側を壁に押し当てるように置くのが「アウトサイドエッジ」となる。それぞれつま先を置く向きが異なることで、身体の使い方にも違いが出てくる。

フロントエッジ

つま先立ちの
イメージで置く

坂道を「つま先立ち」で登るような意識で、つま先をホールドの上に置く。

インサイドエッジ

カカトを上げるようなイメージで、シューズのつま先の内側をホールドの上に置くと安定感が出る。クライミングのなかで、使う頻度がとても高いフットワークだ。

カカトを上げるイ
メージで置くと、
力がかけやすい

アウトサイドエッジ

小指側を壁に押し付けるポジションのため、その次の動きがどうしてもひねる動作になる。だから、バランスに注意したい。親指以外の指全体でホールドを押さえるようなイメージが必要だ。

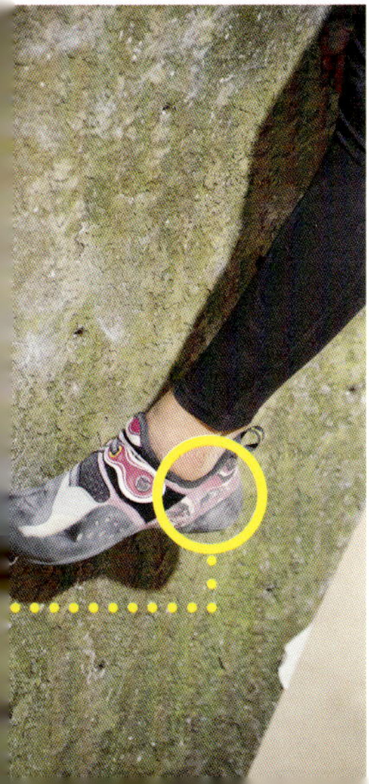

ホールドに足を置く時にシューズの使う部分（右足）

フットホールド03・04

ホールドの形に合わせて、足を使い分ける・3

脚の裏側の筋肉、臀部、背筋を意識して引く

foot hold 03
ヒールフック

ホールドが高い位置にあり、シューズのつま先がホールドにうまく乗せられないないような時に、カカトから乗せたりすることで、ポジションの安定感を導く。この時、カカトを引っかけるというよりは、ホールドを脚裏や臀部、背筋で掻き込むような意識でカカトをかけると、しっかりとホールドをとらえることができる。

ハンドホールド&フットホールド

foot hold 04
トウフック

　ホールドにつま先を引っかけ脚を身体側に引くことで、安定感のあるポジションを導くことができるテクニック。この時の意識は、脚の表側の筋肉と腹筋、ヘソに力を集中するようなイメージで脚を引くこと。つま先だけを引っかけるイメージだと、どうしても力が弱くなる。トウフックを使い、ホールドの保持を足から手に入れ替える動きができるようになると、動きの自由度が増す。

フットホールド05・06

ホールドの形に合わせて、指、手を使い分ける・4

股関節の柔軟性
がとても必要だ
カカトに重心を乗
せる意識が大事

foot hold 05
ヒールで乗る

力を入れて引っかけているというよりは、ホールドの上にシンプルに乗っているイメージ。カカトを中心に重心を落とし込んでいくように力を加えながら、手で持っているホールドを引きつけ、身体を持ち上げていこう。股関節の柔らかさがとても大事になる。股関節がしっかり動かせることが大事だ。

ハンドホールド&フットホールド**

下方向に力をかける

上方向に力をかける

foot hold 06
挟み込み

　トウフックの応用タイプがコレ。ホールドをうまく使い身体が回るのを止めたい時に効果を発揮する。ホールドに乗せた足（左足）は、ホールドを押さえ付けるように力を下方向にかけ、反対の足（右足）はトウフックさせ、力を上方向にかける。結果、両足でしっかりとホールドに働きかけることで、安定感を引き出すことができる。

フットホールド07・08

ホールドの形に合わせて、足を使い分ける・5

カカトを上げる
意識を忘れない

foot hold 07

ポケットのフットワーク

ポケットは指だけでなく、フットホールドとして使うこともある。つま先を入れしっかりとカカトを上げるようなポジションで立つことで、安定感を引き出す。ここで、カカトが上がらないと足首がぐらつき安定感が引き出せない。カカトを上げて、しっかり次のホールドへの一手が打てるように登ってみよう。

check!

カカトが下がる

カカトが下がったままだと、とても安定感が悪い。足首がぐらつき必要以上に力が入ってしまう。次の一手に踏み出しにくい。また、つま先が滑ってしまい、落ちやすいので注意しよう。

foot hold 08

ステミング

壁と壁が交わる凹状のスペースで、両脚を均等に開きホールドに足が置けるような場所で効果的に使うことができる。両足をホールドに対して突っ張るようなイメージで置き、バランスをとるのがポイント。柔軟性が必要とされるが、これができると登っている時にこのポジションで休憩ができる。

左右の足をバランスよく置くことで、身体が休められる

check!

ノーハンド

ステミングの応用バージョン。登っている最中に手や腕をしっかりと休めたい時に使う。次の一手次第で、ポジションを入れ替え壁に背を向ける体勢をとることもある。

Column 1

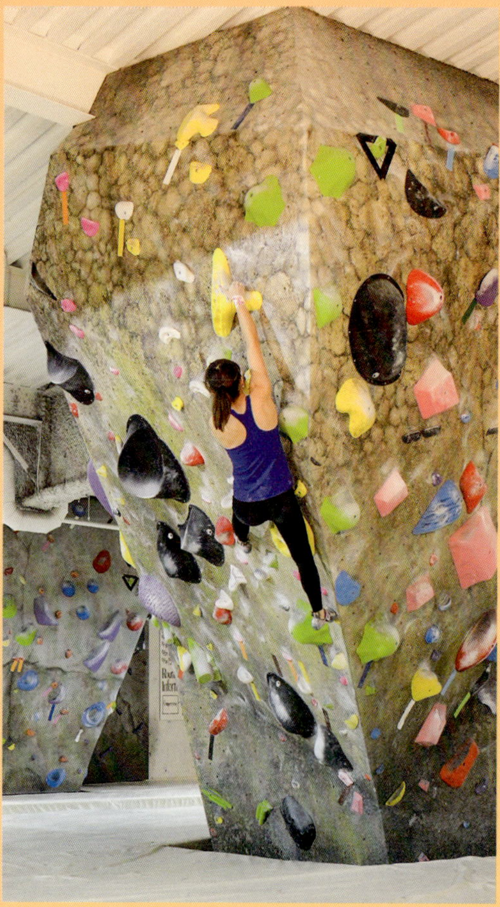

世界中の
どこへ行っても
ひとつとして
同じ課題の壁は
存在しない。
だから、楽しい!

ボルダリングの魅力は永遠に飽きないところです。どれだけ苦労して攻略しても、また新たな難しい課題が施された壁が現れ、それをやっとの思いで攻略しても、また新たな壁が現れます。そしてまた、その課題を攻略するために新たな思いで手を尽くすのです。精神的にもテクニック的にも、自分を極め続けないとならないのが、ボルダリングの魅力であり楽しさです。

実際に、ボルダリングの壁は、ひとつとして同じものはありません。世界中のどこを探してもないといっても言い過ぎではないでしょう。それは、課題はいろいろな人によって考えられ設定されるからです。課題の設定に、とくにフォーマットのようなものはありません。小さいボルダリングジムであればそのジムのオーナーが考えたりしますし、規模の大きなジムでは課題を専門に扱うセッターと呼ばれる職人に頼んで設置します。

さまざまな人によって設定される課題。レベルや壁の傾斜、特徴によって、設定する側のいろいろな意図が色濃く反映されるのです。「スタートからいきなり難易度を高めにして、中盤は比較的簡単に」「途中の傾斜のきついところはあえて簡単にして、その直後の緩い傾斜を一気に難易度を高くする」というように。

ボルダリングは、目の前にある壁をいかに攻略するかが大切です。だだ、そこには、設定した人間がどういったイメージでその壁を作ったのか。その意図を攻略するという、心理戦にも似た醍醐味もあるのです。

elements 3

基本的な身体の動かし方

CONTENTS

AR動画連動

ハシゴを登るように足と

身体を壁に正対させ、腕をしっかり伸ばし登る

足の真上に重心が来るように登る

ハシゴを登るようなイメージでホールドを持ち登ってみよう。右足でホールドをとらえたら（①）、次に右腕を伸ばしホールドを確保（②）。身体を引き上げながら、さらに左足をホールドに乗せる。この時、身体の重心が必ず身体を支えている足（右足）の上にくるようにする（③）。このようにポジションを動かしていくことで安定感のある動きが引き出せる。さらに、左手を伸ばす（④）。左右の足と腕を交互に動かし、これを繰り返して壁を登ってみよう。身体は壁に近いほうが安定すると思われがちだが、実際は違

手を動かす

う。必要以上に身体は壁に近づけず、腕だけに力が入らないようにする。腕を伸ばし、懐に余裕をもたすことで脚が自由に動き、スムーズに登ることができる。このほうが腕や身体への負担も少ない。

check!
ガニ股で壁を登る
正対で壁を登る時は、足はインサイドエッジに。身体をひねらず、ヘソを壁に向けて登っていくので、常にガニ股のようなスタンスになるのがポイント。

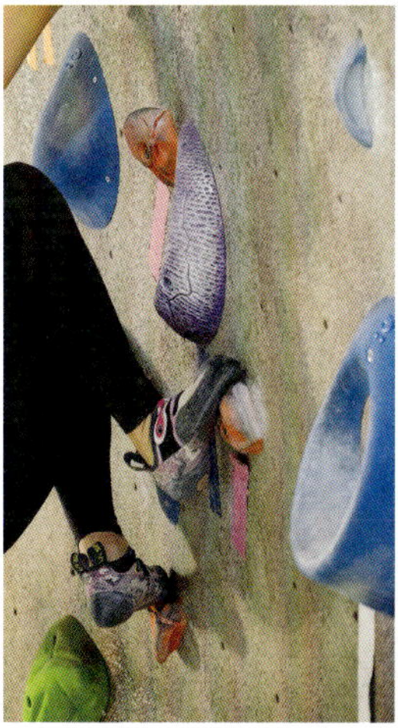

AR動画連動

カウンターバランス

対角線上にある手足でバランスをとる

1
対角線上にある手足でバランスをとる
2
手を身体に引きつけるように動きながら身体を持ち上げる
身体をひねる

身体をひねりながらより遠くのホールドを掴みいく

正対で登る時は、シューズのインサイドエッジを使って登るが、カウンターバランスは、フロントサイド、アウトサイドエッジを多用する。身体をひねり、ホールドに乗せていない足を身体の外側へ投げ出すように動かし、

3
身体を持ち上げる動きを生かし、遠くのホールドに手を伸ばす

4

バランスをとる（①）。足や手は、左足をホールドに乗せたら左手を伸ばし、右足をホールドに乗せたら右手を伸ばす。この繰り返しが基本となる。身体をひねるので、ヘソを左右に向け身体を壁に対して横に向け、伸ばした手と同じ側の腰を壁に近づけるようなポジションで登る（③、④）。このポジションは、正対ほど力を使わず、そしてより遠くのホールドへ手を伸ばすことができる。カウンターバランスの最大のポイントがここにある。

AR動画
連動

腕をしっかり伸ばして動く

上半身をリラックさせ、柔軟に身体を移動させる

1
ヒジを曲げず
腕全体を伸ば
しリラックス

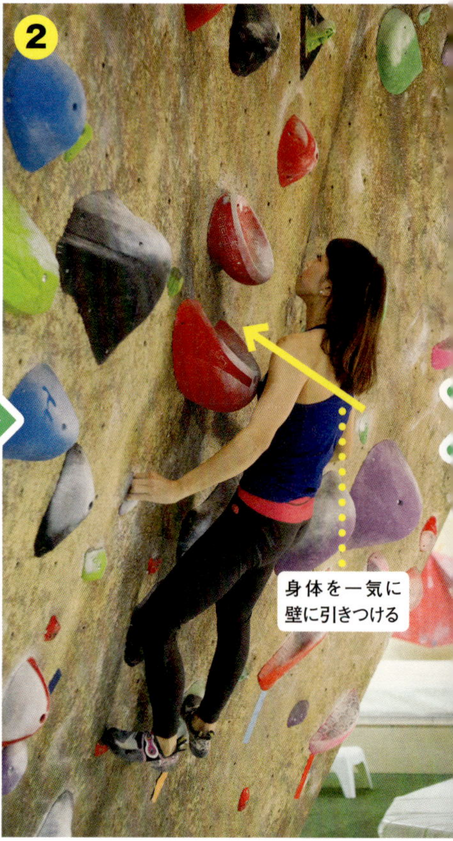
2
身体を一気に
壁に引きつける

腕をしっかり伸ばし、いつでも自由に身体が動くようにする

腕はできるだけ伸ばす。そのほうが力まず疲労が軽減できる。また、腕も動かしやすい（①）。壁の上部にあるホールドを取りにいく時は、腕を伸ばした状態から立ち上がるが、身体が壁から離れてしまい落下しないように注意。腕で身体を壁に引き付けるようにしながら立ち上がろう（②）。そして、この動きにあわせて一気に腕を伸ばしホールドを取りにいく。この時。ヒザ

3
身体を引きつけた
反動で、ホールド
をに掴みいく。身
体張力を引き出し
遠いホールドを狙う

と脚も使い身体をしっかり伸ばす。身体が壁すれすれまで近づいていて張り付くような状態「身体張力」を作りたい（③）。力まずに身体を柔軟に使い、遠いホールドを狙いにいこう。

check!

力が入ると疲れやすい

脇が上がり、腕が伸び切らず力が入ってしまうと、非常に疲れやすくなる。この状態が続いてしまうと、壁の上で身体を長く支えるのはとても難しい。腕は伸ばすことが基本。

脇が上がり力
みすぎている

AR動画連動

懐を作り足を大きく動かす

ヒジをしっかり伸ばし懐を大きく作ることで脚が

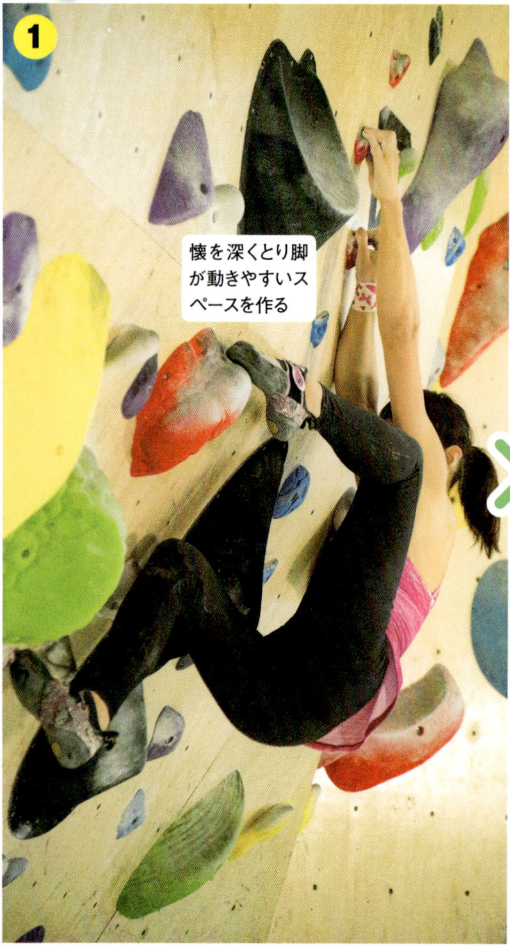
1
懐を深くとり脚が動きやすいスペースを作る

2
脇を締めバランスをとり、ホールドを狙う

決して力まずに壁から距離を作り自由自在に動く

壁の上で自由自在に身体を動かすためには、前のページでも書いたように、まず腕をしっかり伸ばしなるべくリラックスした状態を作り、そして懐を深く作ることだ（①、④）。常に壁

自由に動かせる

3
腕をしっかり
伸ばす

4
懐を深くとり自由
に脚が動かせる
スペースを作る

にしがみつくようなポジションをとってはいけない。壁を登っていくと恐怖心が生まれ、身体が強ばったりすることもあるが、それではいい動きを引き出すことが難しくなる。勇気をもってリラックス。大きく腕を伸ばし（③）懐を深く作ることで、足元が見やすくホールドをスムーズにつなぎながら壁を自由に移動することができる（④）。

つま先でホールドに立つ

つま先を使うためにはカカトを上げる意識をもつ

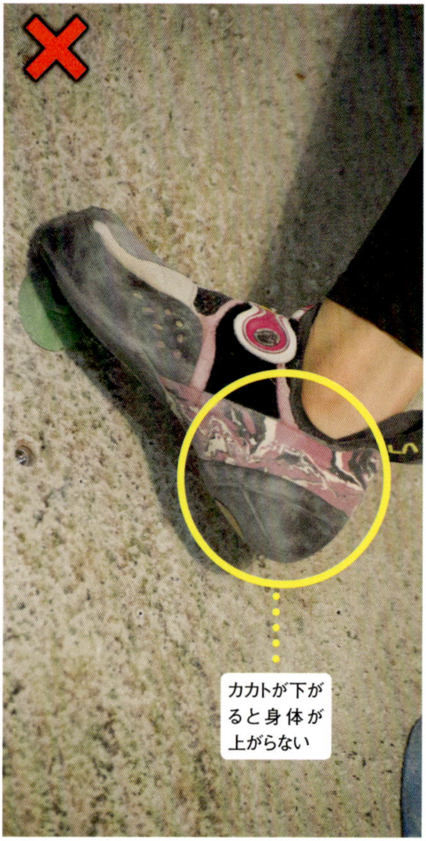
×
カカトが下がると身体が上がらない

○
カカトを上げて身体も上げていこう!

カカトを上げつま先で立ち
フットワークよく足を動かす

ボルダリングは、ホールドをつま先でとらえて動くのが基本。それは、単純に足が動かしやすいから。初心者の多くは、足の内側を壁に押し付けたり、土踏まずをホールドに乗せたりする。これだと、足そのものが動かしづらく、身体の動きも制限される。つま先を置く時に意識することは、カカトのポジショニング。カカトを上げるような意識、つま先立ちするような意識でホールドに立つことが大事だ。こうすると、自然とお尻が上がり全身が上がっていく。カカトが下がるとお尻も下がり、つまりは身体も上がってこない。お尻が落ちては登れない。カカトを上げていく。これだ！

カカトを上げる意識がとても大事

AR動画連動

technique 6

自由自在にトラバース

トラバースで壁を自在に動き回ろう

壁全体を使い覚えた動きを試してみよう!

基本的なテクニックができるようになったら、早速壁でいろいろとチャレンジしてみよう。課題などを気にせずに壁のなかでいろいろな動きを交えながら、トラバース(横移動)をしてみる。

これがとても大事。初心者は、とにかくいろいろな動きを意識して壁を動き回るトラバースにチャレンジ。そうすることで、より身体の使い方がわかってくる。そしてトラバースは、課題にチャレンジする前や、もし大会に出場するようなことになったら、ウォーミングアップとして行なってほしい。

AR動画連動

足の乗せ替え

ホールドにあわせて乗せ替え方を使い分ける

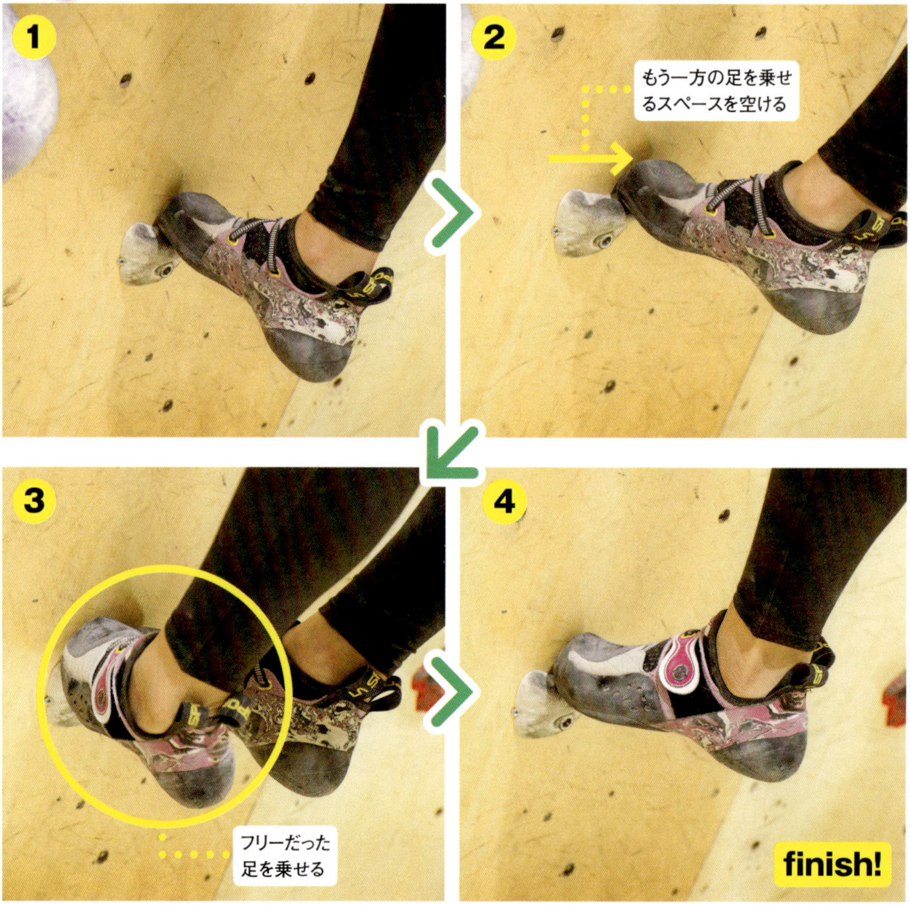
1
2
もう一方の足を乗せるスペースを空ける
3
フリーだった足を乗せる
4
finish!

大きいホールドは一度両足を乗せる

　バランスをとって、安定した動きをするためには、足の乗せ替えが必要になる場面が出てくる。とてもシンプルな動きだが、コツを知っているのとそうでないとでは、動きに違いが出てくるので注意。適度な大きさのホールドであれば、もう一方の足を乗せるスペースを空け（②）、一度両足でしっかりとホールドに乗ってから（③）一方の足を外し乗せ替える（④）。

1
2
乗せ替えたい足
を、ている足の上
にもってくる
3
乗せていた足を外し、
乗せ変えたい足をホ
ールドに向けて落とす
4
finish!

小さいホールドは素早く入れ替え

小さいホールドだと、揃えて乗せ替えるのは難しい。そこで手順をふむ。乗せている足の真上に（①）、乗せ替えたい足をもってくる（②）。位置を決めたら、ホールドに乗せている足を一気に外し（③）、乗せたい足をホールドに向けて素早く落とす（④）。バランスが悪いと、足を外すケースもあるので、これも焦らずに行ないたい。

AR動画連動

手の入れ替え

ホールドの大きさにあわせて使い分ける

1

2
両手を揃える

3
finish!

一度手を揃えて入れ替える

ある程度大きさのあるホールドであれば、足を乗せ替える動きと一緒で、可能な限り手を端まで寄せ両手でホールドを掴む（②）。両手でしっかりと掴むことができたら、必要のない手を外す（③）。簡単だが気を緩めずに。落ちてしまっては元も子もない。

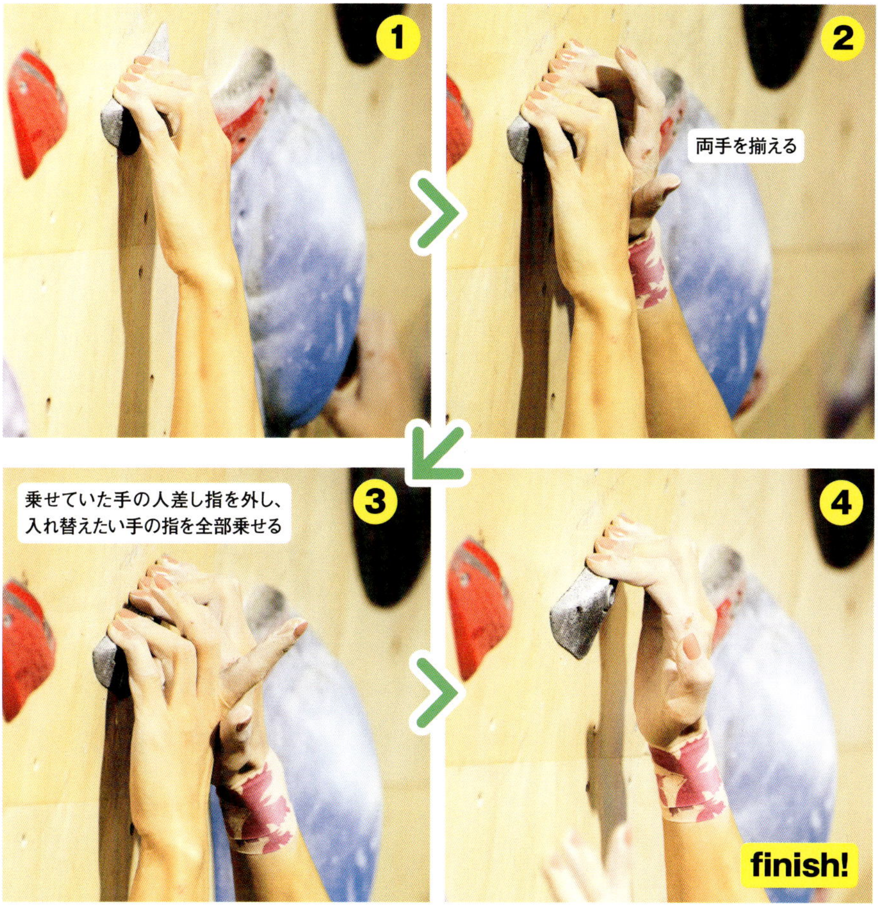
1
2
両手を揃える
3
乗せていた手の人差し指を外し、
入れ替えたい手の指を全部乗せる
4
finish!

指を外しつつ入れ替える

両手で掴めないホールドは、最初に置いた手をできるだけ端まで寄せる（①）。そして、入れ替えたい手の人差し指を上げた状態にして一緒に掴む（②）。そこから、外す手の人差し指を上げ、反対の手の上げていた人差し指をホールドに落とす（③）。入れ替えたい手で掴めると確信したら、必要のない手を外す（④）。

technique 9

AR動画連動

クロスムーブ

腕をクロスさせ身体をひねりホールドを掴む

1
2
右腕の上をクロスするように左腕を伸ばし、ホールドを掴む

腕をクロスさせることでスムーズな横移動が可能になる

　次にとらえたいハンドホールドが斜め上にある時に、両腕をクロスさせるような動作でホールドをとりにいくムーブをクロスムーブ呼ぶ。最初にホールドを保持している手の上から、片方の腕を交差させる動きが基本となる。まず、右手でホールドをとらえ(①)、次に斜め右上にあるホールドを

3
4
身体をひねりながら、右方向に身体を移動させつつ、次のホールドを掴みにいきたい

右腕の上をわたすように左腕をクロスさせとりにいく（②）。そして、ここで紹介している写真では壁の上を見るような動きで身体を回しながら右側に移動している（③）。この動きを生かして、右腕をさらに斜め上にあるホールドへと伸ばす（④）。この動きは、狙いたいホールドが斜め上方向にあり、また比較的遠めにある時に使うと効果的だ。腕をクロスした状態から、身体をひねることで、横方向への距離を出すことができる。手の入れ替えでは対処できないような位置関係のホールドで、使うと便利なムーブだ。

Column 2

派手で
ダイナミックな
課題が特徴の
昨今の
ワールドカップ。
精度の高い
攻略法で勝負

ボルダリングが含まれるスポーツクライミングの世界にも、サッカーやラグビーのようにワールドカップ（以下、W杯）が存在します。サッカーやラグビーのW杯が4年おきに開催されるのに対して、スポーツクライミングは毎年開催されます。

スポーツクライミングは、ボルダリング、リード、スピードの3種目で構成されます。ボルダリングは、高さ5m以下に設定された複数の課題を制限時間内にいくつ攻略できるかを競います。リードは高さ12m以上の高さの壁を制限時間内にどこまで登れるかが競われ、スピードについては、高さ15mの壁に同じ設定の課題がふたつ並び、それをふたりのクライマーがどちらが速く登れるかを競うスプリント競技です。私は主にボルダリングをメインにW杯を転戦しています。私にとってW杯は生き甲斐のひとつ。W杯で優勝することを夢見てこれまで頑張ってきました。W杯で優勝できた時の喜びや限界以上のパフォーマンスができた時の感動が忘れられず、それがW杯に挑戦し続ける原動力となっています。

10年以上W杯に出場していますが、最近は競技の傾向もだいぶ変わってきました。シーズンを追うごとに難易度が上がっています。得意、不得意なく何でもこなせないと勝つことができないほどレベルが上がっています。課題も、観衆を盛り上げるために派手でダイナミックな傾向にあります。ムーブの精度を上げ、高いパフォーマンスをすることが勝負の鍵となります。

elements 4

身体の動かし方の応用

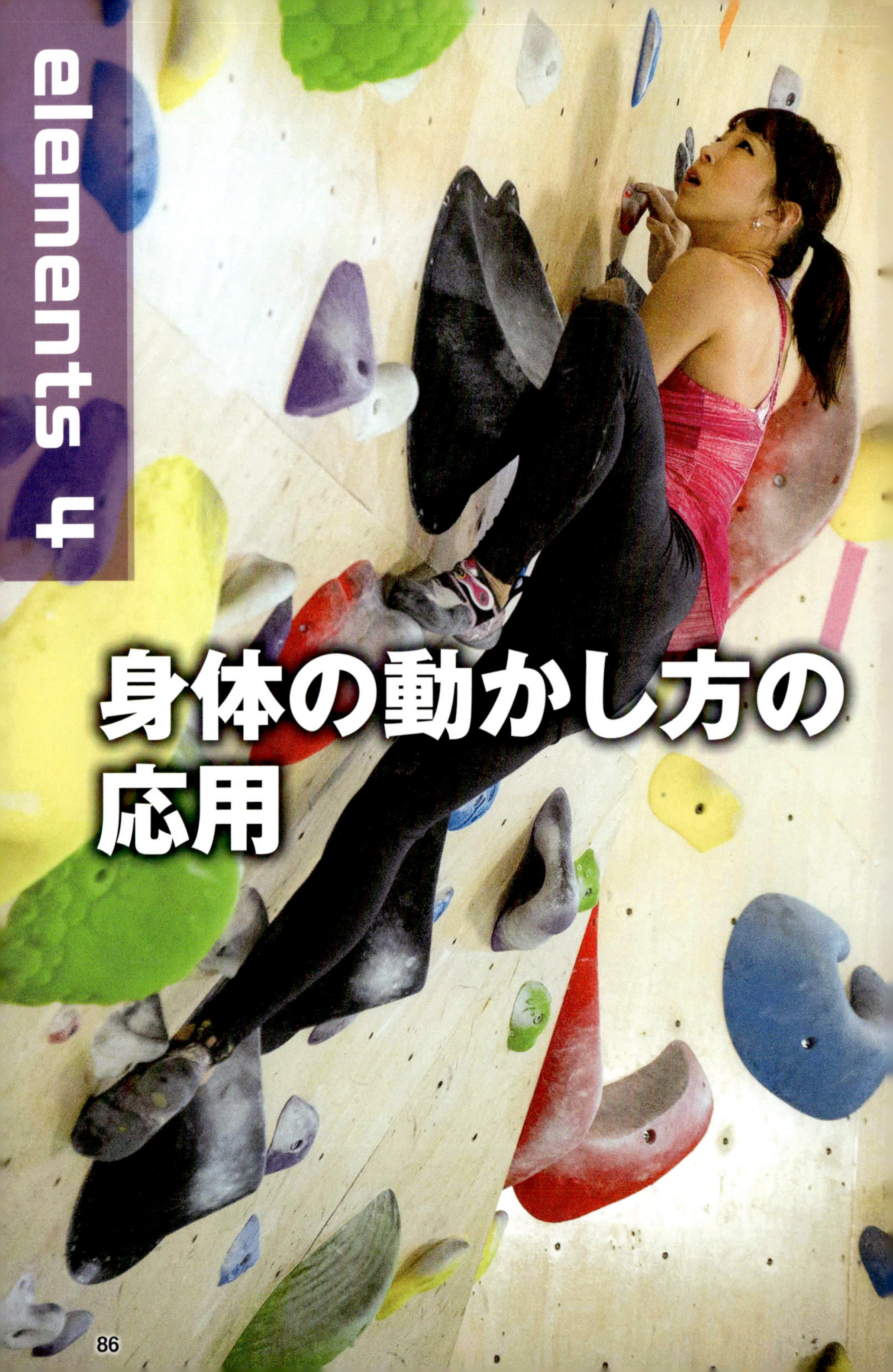

CONTENTS

AR動画連動

ダイアゴナル

2点支持でシンプルにバランスよく軽快に登る

1
ホールドをしっかり掴み、身体を壁に引き寄せる

2
対角線（ダイアゴナル）上にある左手と右足で身体を支え２点支持から、右手で次のホールドを狙いにいく

身体をひねりつつ伸び上がり次のホールドを狙う

　上級者の登り方を見ていると、届きそうにないホールドをうまくとらえながらスムーズに課題を攻略しているのがわかる。これは、２点支持をうまく使ったテクニック「ダイアゴナル」を巧みに使っているから。これは、カウンターバランスの動きをより洗練させたもの。右足と左手、左足と右手とい

3
蹴り上げる動きにあわせて、とりにいくホールドとは逆の方向に気持ち身体をひねりつつ伸び上がり、ホールドを掴みにいく
壁に近づく身体の動きにあわせて右足でホールドを蹴る

4

うように、対角線上にある手足でホールドをとらえながら２点支持で身体をひねり、さらに伸び上がる動きを加え遠めに見えるホールドを確実に掴みにいく。写真のように、左手でしっかりとホールドを掴みつつ右足をホールドに乗せ（②)、右足で蹴って、一気に右側上のホールドを右手で掴みにいく(③)。次は、右手でしっかりとホールドを掴み左足を次のホールドに乗せていく（④)。というように、ダイアゴナルの動きを取り入れると、遠いホールドをうまくとらえながら課題を攻略することが可能になる。

AR動画連動

アウトサイドフラッキング

フットホールドに乗せていない脚でバランス

1
両手をしっかり伸ばしリラックス
2
ホールドをとらえた左脚の下から右脚をクロスさせバランスをとる

重心を乗せていない脚でバランスをとり不必要な身体の回転を抑える

　フットホールドをとらえている脚に対して、逆の脚をクロスさせ身体の外側に突き出しバランスをとるムーブがコレ。写真のように遠めのホールドをとりにいく時だけでなく、さまざまなシーンでおすすめのテクニック。写真では、頭上にあるホールドを掴みにいこうとしている。両腕を伸ばした状態

グ

3
上半身を壁に引きつけつつ、ひねりながらホールドをとりにいく

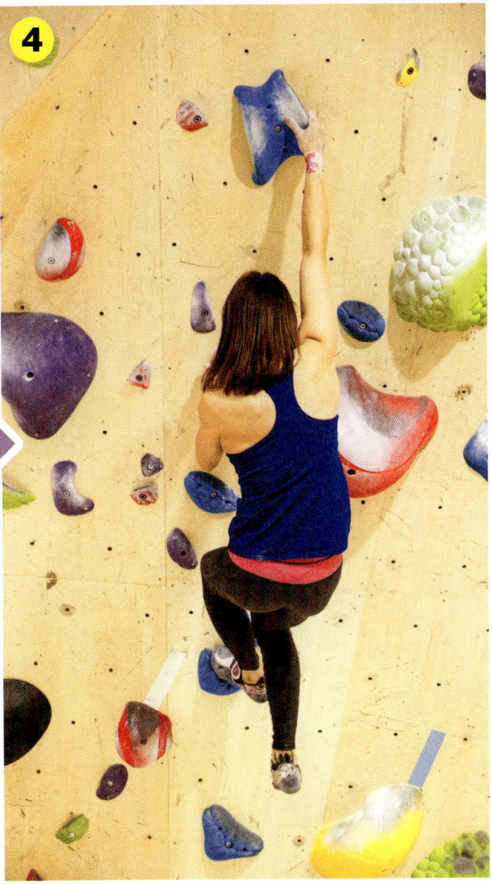

から（②)、一気に上半身を壁に引きつけ適度にひねりを入れ距離を出し、遠めにあるホールドを右手で掴んでいる（③)。この時､アウトサイドフラッギングをいれることで、身体のひねり過ぎをブロック。外に突き出した脚でバランスをとっている。右手でホールドを掴んだら、フラッギングしていた脚を戻す（④)。ちなみにフラッギングという名前は、脚でバランスをとる様が、旗（フラッグ）を振っているようだからといわれている。

AR動画連動

インサイドフラッギング

突き出した脚でバランスをとりながら登る

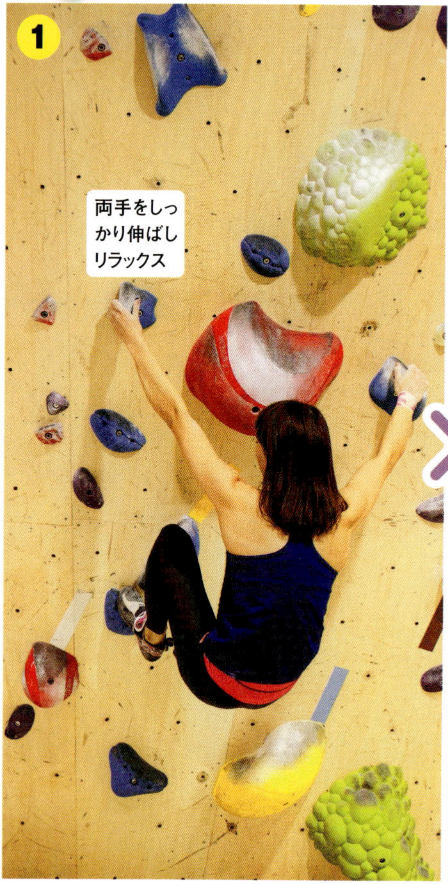
1
両手をしっかり伸ばしリラックス

2
ホールドをとらえた左脚の上から右脚をクロスさせバランスをとる

豪快に身体をひねり、遠めのホールドを狙う。そして、突き出した脚でバランスをとる

身体を豪快にひねり、遠くにあるホールドを掴みにいきたい。これもアウトサイドフラッギング同様さまざまなシーンで効果を発揮するテクニックだ。流れは、基本的にアウトサイドフラッギングと変わらないが、突き出す脚が、インサイドの場合はホールドをとらえている脚の上をクロスする形で

3
身体全体を上
方向に伸ばし
上半身を壁に
引きつける

4
ホールドのある方向
とは逆方向に身体を
ひねりながら、右腕
をホールドへ伸ばす

突き出すことになる。両腕を伸ばした状態から、身体を上方向に伸び上がらせながら壁に一気に上半身を引きつける（②、③）。引きつける動きにあわせ、ホールドとは逆の方向に身体を豪快にひねり、遠いホールドに向け右腕を伸ばし距離を出す（④）。ここでも、インサイドフラッギングすることで、全身のバランスをとりながら壁を登っていく。

AR動画連動

ハイステップ

ホールドに乗せた足に重心を乗せ身体を持ち上

1
腕を伸ばし
懐を深くし、
足を動かす

2
脇を締めつつ
身体を持ち上
げ、ホールド
に乗り込む

腕をしっかり伸ばし、懐を深くとることで足を高く上げることができる

ハイステップは、名前の通り足を一気に腰の位置より高く上げてホールドに乗り込んでいくテクニック。高い位置にあるホールドをとりにいくのに最適だ。ムリな体勢になりがちだが、両手でしっかりホールドを掴み、焦らず下半身をゆっくりと持ち上げていけば難しい動きではない。まずは両腕を

げる

3
乗り込むと同
時に、左手で
次のホールド
を取りにいく

しっかりと伸ばし、リラックスした状態で懐に充分なスペースを作る。そして、高い位置のホールドに足を置く（①）。そこから、脇を締めつつ両手を身体に引き付け、身体を壁に近づけながら、高く上げた足に重心を移動させる。カカトにお尻を乗せるようなイメージでホールドに乗り込んでいく（②）。しっかり乗り込むことができたら、バランスを保ちつつ次のホールドを掴みにいこう（③）。ホールドに乗っていない足でバランスをとりながら登っていこう。

バックステップ

足を回してポジションを替える

1
ホールドに
左足のつま
先を乗せる
2
カカトを上げるイメ
ージで足を回し、
ヒザを内側に倒し
ながら身体を回す

足を回し込みながらポジションを入れ替え 腕を伸ばしホールドを掴みにいく

「ドロップニー」、もしくは「キョン」とも呼ばれるバックステップは、ムーブの途中で足とポジションの方向を入れ替え、ホールドをとりにいくテクニック。課題によっては、登りの途中でポジションを入れ替えなければならない場合も出てくる。そういう場面で使いたい。ポイントは、ホールドに乗せた足のカカトを回しながら上げるイメージ。ホールドに左足を乗せたら

(①)、カカトを上げヒザを内側に倒し込んでいく。この動きにあわせて、壁に正対していた身体を右の壁に向けて回し込みポジションチェンジ（②）。この流れにあわせて、腕を伸ばし頭上にあるホールドを掴みにいく（③）。

AR動画連動

デッドポイント

しっかりと蹴り出し、ホールドに向け飛び出す

1
身体をしっかりと沈み込ませる
2
蹴り出すと同時に、身体を回し込みながらホールドをとりにいく

しっかりと足で蹴り出し勢いよく飛び ホールドに向け手を伸ばしとらえる

　デットポイントは、両手両足で掴んでいたホールドから次のホールドへ繋げる時に、明らかに距離があるホールドにとりつくために使うテクニック。次のホールドめがけ、無重力状態を作り飛んでいくようなイメージが必要に

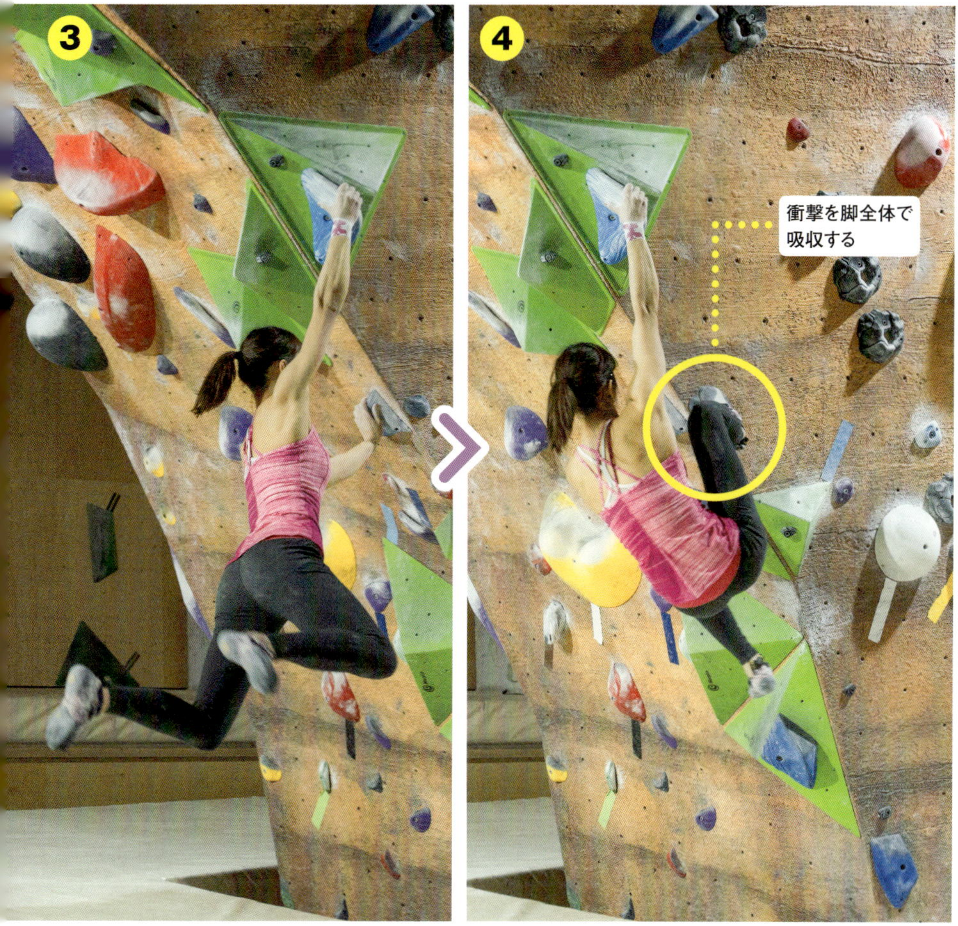
3
4
衝撃を脚全体で
吸収する

なる。ここでは、斜めに上の遠目にあるホールドをとらえるためにデッドポイントを使っている。腕をしっかり伸ばし身体を充分に沈み込ませ（①）、両腕で身体を引き付ける動きにあわせて右足で蹴り出し身体を大きく伸ばして（②）右手でホールドを掴みにいく。この時、身体を回し込むことで、身体が壁に正対できるようにしている（②、③）。そして、飛んだ時の力を脚全体で吸収し、身体が壁にぶつからないよう防いでいる。

AR動画連動

手に足

身体を壁近づけ足を引き付けながら重心を移動

1
手で握っているホールドに足を乗せる

2
両腕で身体を壁に引き付けつつ、ホールドを狙う

**ハイステップの要領で足を上げ
壁に身体を引き付けながら
重心を上方向に移動させる**

腕を伸ばす動きに合わせ重心を移動しホールドを掴む

　手でとらえているホールドまで一気に足を上げるムーブは、ハイステップの一種で、身体の動きもハイステップに近い。まず、手を乗せたホールドに足をかける（①）。そこから両腕を引き付けて身体を壁に近づけながら右腕を大きく伸ばし次のホールドを掴みにいく（②）。そして、この動きにあわせ身体を持ち上げるように上方向に重心を移動（③）。腕をしっかり伸ばし、懐を深く作ることで足を自由に動かしスムーズに移動していこう（④）。

AR動画連動

ランジ(ダイノ)

腕を伸ばし反動をつけ、一気に飛ぶ

1
腕をしっかり伸ばし、身体を深く落とす

2
両手を支点に、ブランコの要領で身体を何度も上下させる

ブランコの要領で反動をつけ一気にジャンプ

ボルダリングでは、飛び系のムーブをダイナミックムーブと呼び、ランジもそのひとつ。ホールドをつないでいくだけでは絶対に届かない場面で、飛んで掴みにいく。ランジは身体全体を

3
狙うホールド
タイミングを見計らい狙うホールドに向けジャンプ!

4
ジャンプと同時に一気に腕を伸ばす

フルに使うことでうまくいくテクニック。大胆さと勇気も必要だ。身体の使い方は、両腕をしっかり伸ばしポジションを作る（①）。何度か屈伸を繰り返し、ブランコのように脚部を動かし反動をつけ（②）、タイミングを見計らい目指すホールドに向けてジャンプ（③）。ホールドをとりにいく時も、しっかりと腕を伸ばす！（④）

Column 3

2020年開催の
東京オリンピック。
自国開催の大会で
狙うは金メダル!

東京オリンピック2020（以下、東京五輪）が決まった時、自分がずっと好きで頑張ってきたクライミングが、一般的に認められたという気持ちでスゴく嬉しかったです。決定の瞬間、私は中国でアジア選手権（IFSCアジア・クライミング選手権都匀 2016）に出場していました。東京五輪が決まったことで、アジア大会で優勝したいという思いがさらに強くなり頑張ることができました（ボルダリング、リードともに優勝）。

自分が現役選手の間に、スポーツクライミングが自国開催のオリンピックで、しかも種目として初開催を迎えることに、とても素晴らしいタイミングだと感じました。日本人としても、クライマーとしても東京五輪では最高のパフォーマンスを発揮して、金メダルを獲りたいです。

スポーツクライミングは、東京都青海アーバンスポーツ会場（江東区）に特設会場を設け競技が行なわれます。東京五輪では、通常のW杯とは異なり、ボルダリングとリード、スピードクライミングの3種目混合で順位が決まります。国内だと、あまり馴染みのないスピードクライミング。ボルダリングやリード種目では、海外勢と遜色のない戦いができる日本勢ですが、スピードに関しては未知数です。果たして、東京五輪までにどれだけ海外勢に肉薄できるか。でも不安はありません。大会が日本で開催されると決まった以上、を全力を尽くすだけです。自国開催で金メダル。それしかありません。

elements 5

課題にチャレンジ 初級

（8～5級程度）

CONTENTS

オブザベーションとウォーミ

登る前は、課題の流れを読み、しっかりと登れるように身

▶オブザベーション

下から組み立てて全体の流れを考える

オブザベーションとは、壁を登る前に「どのように身体を動かし、ホールドをつないで上まで登ることができるのか」をイメージする作業をいう。オブザベーションは、スタートから順を追って登りのルート、身体の動かし方、重心の移動などをイメージすることが大事だ。そして、登りをイメージしながら、課題を作った人が「何を意図して作ったのか」、「どういう身体の動かし方を求めているのか」、「なぜこうした難易度で構成しているのか」ということも考えながら、セッターの思惑通りに登れるように登りのプランを考えたい。これが大会なら、「制限時間内に１回で登れるのか」「２回で登れるのか」などということも考え、その時の疲労感やコンディションの良し悪しなどを踏まえプランを練る。もし、トップ（ゴール）まで登れないと判断したら、大会では途中に、ボーナスポイントが加わるホールドがあるので、そこまでは頑張って登り、ボーナスポイントは最低限取るといったプランを考えなくてはならない。完登の次にボーナスポイントを取ることが重要になるからだ。「ボーナスまでは１回で行けるようにがんばろう」というように、オブザベーションの時は壁を攻略するためのムーブを、状況に応じて何パターンか考えられるようにしたい。また、実際に登ってみると思ったようにいかない場合もある。そういう時は、その場で対応することも大事だ。ルートを見極める力をしっかりもちつつ、その場で対応できるようにもしておきたい。

ングアップ
体をほぐす

課題にチャレンジ／
初級課題（8～5級程度）

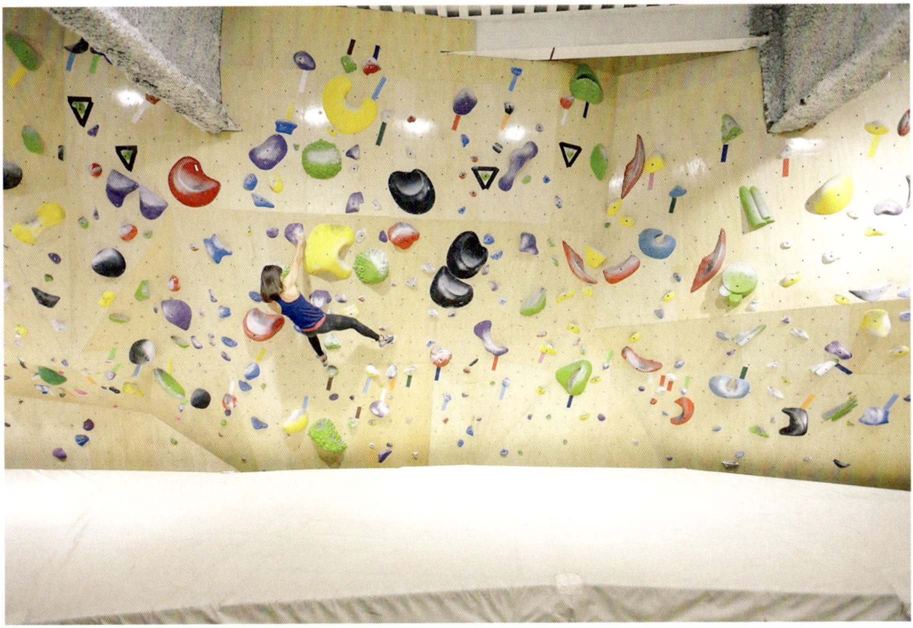

▶ウォーミングアップ
腕や足の動かし方、
ポジションの流れを意識する

　課題を登る前にオブザベーションと同じくらい大事になるのがウォーミングアップ。普段ジムで楽しむ時も、大会の時も、まずはウォーミングアップで身体を温める。スムーズに身体が動かせるように重心の移動、ポジションの作り方などを意識しながら壁をトラバース（横移動）するなどしてみよう。「簡単な課題から始めるから、とくにウォーミングアップはしません」という人もいるが、それではスムーズに動かせるほど身体は温まりません。身体を目覚めさせる感覚で、スムーズなムーブを引き出せるよう準備する。自在に身体を動かし課題をイメージ通りに攻略するために、ウォームミングアップは欠かさないように心がけたい。

AR動画連動

初級課題01（8級程度／

ハシゴを登るように身体を動かす

1
右手でホールドをしっかり掴み、左足をホールドに乗せる

2
さらに右足をのせる

足から立ち上がりホールドに手を伸ばす

これからボルダリングを始める人や、ボルダリングを楽しむ中級者は、簡単な課題から身体を慣らしていこう。意識したいポイントは、ハシゴを登るように足を動かしてから、手を動

垂壁)

課題にチャレンジ／
初級（8～5級程度）

両方の足をホールドに乗せたら、伸ばしていた右腕を引き付けるようにしながら身体を持ち上げ、左手を次に狙うホールドに伸ばす

4

かすこと。そして、ホールドに足を乗せ立ち上がる時に、しっかりと腕を伸ばしてからホールドを掴みにいく（②、③）。最初にホールドを掴んだ手を支点に身体を壁に引き付けるように動かして足から立ち上がり、反対の腕を狙ったホールドに伸ばしていく（③）。これが、ボルダリングの基本的な動き。この動きが自然に出るようにしたい。

AR動画連動

初級課題02（7級程度／

ヒジを伸ばしてぶら下がりながら登る

1
左ヒジをしっかり伸ばし、ホールドを掴む
2

下半身を中心に動かしスムーズに登る

足から立ち上がりホールドに手を伸ばし掴むという、基本的な動きで登ることができる課題。若干ハイステップの要素も含まれている（②）。まずは、しっかり左腕のヒジを伸ばしホールド

垂壁)

課題にチャレンジ／
初級（8〜5級程度）

ハイステップ気味に右足をホールドにのせ、身体を壁に引き付けながら立ち上がる

ヒジを伸ばして、右手をホールドに

にぶら下がり、壁に身体を引き付けるように立ち上がったら（①、②、③）、今度は右腕を伸ばし、次のホールドを掴んでいこう（④）。傾斜もないので、ほとんど上半身は使っていない。脚の動きを大きく使い登っている（②、③）。下半身をうまく使い、重心移動をしながら登っている。腕は上半身が壁から離れないように支えているだけ。

AR動画連動

初級課題03（7級程度／足にしっかりと重心を乗せて動いていく

1
ヒジを伸ばし、ハイステップでホールドにしっかりと足を乗せる

2

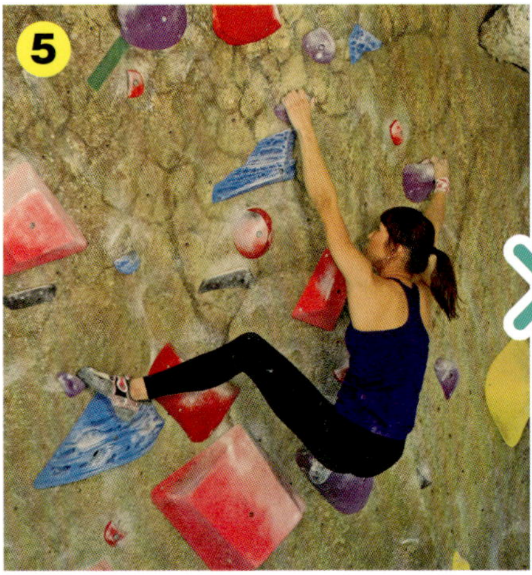
5

6
ヒジをしっかりと伸ばす

重心を下げ腕を伸ばし、下半身を自在に動かす

とてもベーシックな課題。初級のなかでも初歩的な課題。ここで意識したいことは足で登ること。とはいえ、両腕をしっかり伸ばしてホールドを取りにいく動きは忘れずに。両腕でぶらさ

傾斜）

課題にチャレンジ／
初級（8～5級程度）

身体を壁に引き付けるように腕を使い、次のホールドに腕を伸ばす

8

がることで懐を深く作り、初めて足の動きが引き出せる（①）。インサイドエッジやフロントエッジでホールドをとらえつつ、ハシゴを登るイメージで足と手を動かしていきたい（②、③）。

途中、ハイステップ（②）や足の乗せ替えなどを交えながら（④、⑤）、スムーズに課題を攻略していこう。簡単ではあるが、高さがあるのでできるだけ落ちないようにしっかり登ろう。

AR動画連動

初級課題04（7級程度／

バックステップを入れながら足でしっかり登る

1

2
バックステップを使い上のホールドをとらえにいく

簡単な課題ほど足を動かしムーブを引き出す

途中バックステップを交えながら登り（②）、力を使わず壁と壁の間に挟まりながら、正対のポジションで登ることができる課題。腕を充分に伸ばして掴めるホールドが少ないので、比較

垂壁）

課題にチャレンジ／
初級（8～5級程度）

的身体と壁の距離が近いほうが理想的。この壁も、しっかりと足を動かすことを意識して登りたい（③、④）。簡単な課題ほど足で登るのが基本。手だけでいこうとしがちだが、それだと体力がすぐ消耗してしまうし、落下しやすいので気をつけたい。

AR動画連動

初級課題05（6級程度／

登る前のオブザベーションで手順を確認

大きいホールドで手を持ち替える動きを、オブザベーションでイメージしよう

さまざまな基本テクニックでスムーズに攻略

傾斜のついた壁は、それだけで難しさを感じる。しかし、実際の手順を動画で見てもらえばわかる通り、出だしのハングオーバー（強傾斜の壁）の部分は、インサイドフラッギングで対応

傾斜）

3
4
ヒールフックで登り切ったら、次の動きに向けてフロントエッジに切り変える

7
8

している。その場面を過ぎたら、基本的に正対のポジションでハシゴを登るイメージで攻略できる課題である（①、②）。途中、大きいホールドで手を入れ替える動きがあるが、この部分は、オブザベーションの時点でしっかりイメージしておきたい（③、④）。ヒールフック（③）、スメアリングなど、基本テクニックを多用しスムーズに攻略しよう。

AR動画連動

初級課題06（6級程度／

ホールドの向きを考えて身体を使う

1
あらかじめオブザベーションでホールドの向きを見極め、掴み方を決めてから登りたい

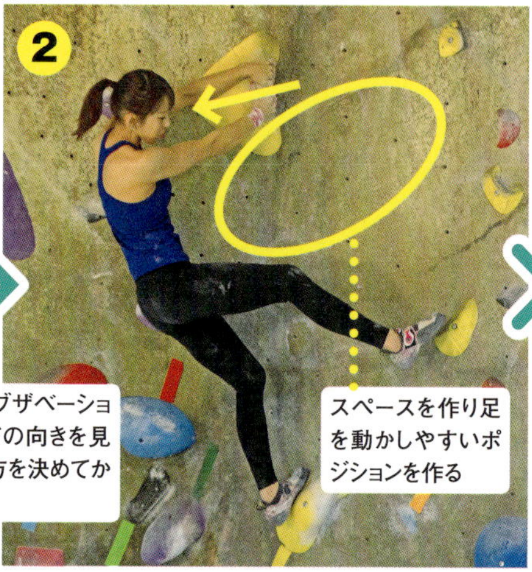
2
スペースを作り足を動かしやすいポジションを作る

5
バックステップで、遠めのホールドもしっかり掴む

6

ホールドの向きに合わせポジションを考える

これも、登る前のオブザベーションがとても大事な課題。ポジションをホールドの向きに合わせる必要があるので、正対したポジションだけでは動けない（①、②）。ホールドの向きに

垂壁）

課題にチャレンジ／
初級（8〜5級程度）

3
4

7
ちょうどいいホールドがない時は、直接壁を支える。こうした動きも、オブザベーションで考えておく
8

合わせて身体をひねる動きを加えながら、スムーズに登りたい。そして、ホールドに対してどういった向きで体重をかけていけば効率よくホールドを掴んでいけるかを、登る前のオブザベーションで見極めたい。登り始めてから考えると、動きに迷いが出るので注意しよう。初級レベルだと、オブザベーション能力も高くないので、繰り返し登り経験値を高めるようにしたい。

ボルダリング・ジムの基本
ハンドホールド&フットホールド
基本的な身体の動かし方
身体の動かし方の応用
課題にチャレンジ 初級
課題にチャレンジ 中級
課題にチャレンジ 上級
ストレッチ
ボルダリングQ&A

AR動画連動

初級課題07（5級程度／

ひねりと正対をミックスさせて壁を攻略

1
シットダウンスタート&アンダークリングでホールドを掴む

2

5
足を乗せ替えてから、正対ポジションで中盤以降を攻略する

6

シットダウンスタートからのひねり動作が大事

この課題は出だしが大事。シットダウンスタートでアンダークリングのホールドをしっかりと効かせて、落ちることなく次のホールドをとりにいけるかがポイント（①、②）。この時、

傾斜）

3
身体をひねりながら、ホールドをとりにいく
4
7
8

身体をひねりながらうまくバランスをとり、次のホールドを掴んでいる（②、③）。そこまでいけたら、あとは基本的な正対ポジションでムーブをつなげていくことができれば問題ない（⑤）。

ただ、この課題自体は身体を大きく使えないとスムーズさが出せない。身体の柔軟性とオブザベーションがどれだけできているかが、攻略のポイントのひとつであることは間違いない。

AR動画連動

初級課題08（5級程度／

アンダークリングで腕をしっかり伸ばす

ふたつのホールドをアンダークリングで持ちながら、スムーズに脚を動かしていく

アンダークリングを最適なバランスで攻略したい

これもシットダウンスタートから始まる課題。一番のポイントは、中盤のアンダークリングで身体を確保するホールドが連続するところ（③〜⑥）。アンダークリングは、腕と上半身は上

垂壁）

腕は引き、足は踏みつける。この力の配分で、ポジションのバランスを考え登る

方向に力を入れ、下半身はホールドを踏みつけるように力をいれる（⑤）。全身でバランスをとりながら、ポジションを維持して攻略する必要がある。ホールドをとらえる時、ヒジをしっかり伸ばす意識をもとう（⑤、⑥）。アンダークリングを必要とするホールドがふたつ並ぶことで、フィジカル的にもややきついところがある。力配分を考えて登るようにしよう。

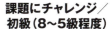

AR動画連動

初級課題09（5級程度／

持ち替えが多いルートをオブザベーションで確認

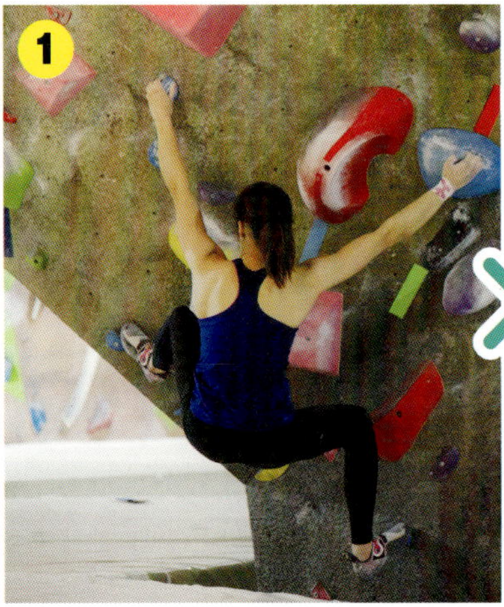

焦らずに手を持ち替えながら登ってみよう

　カチのホールドからスタートするこの課題は、全体を通して持ち替えが多いため、手を交互に出せば、スムーズに登れるような課題ではない。一度、手をひとまとめにしてひと呼吸置きな

傾斜）

がら、次のホールドに手を送り出していく必要がある。手を持ち替えるように使い、攻略しなければならない課題だ（②、④、⑦）。これは、どのホールドで持ち替えるか、そのホールドがひとつなのかふたつなのか、これを事前のオブザベーションで把握したい。それができていないと、スムーズな動きが出にくくなる。

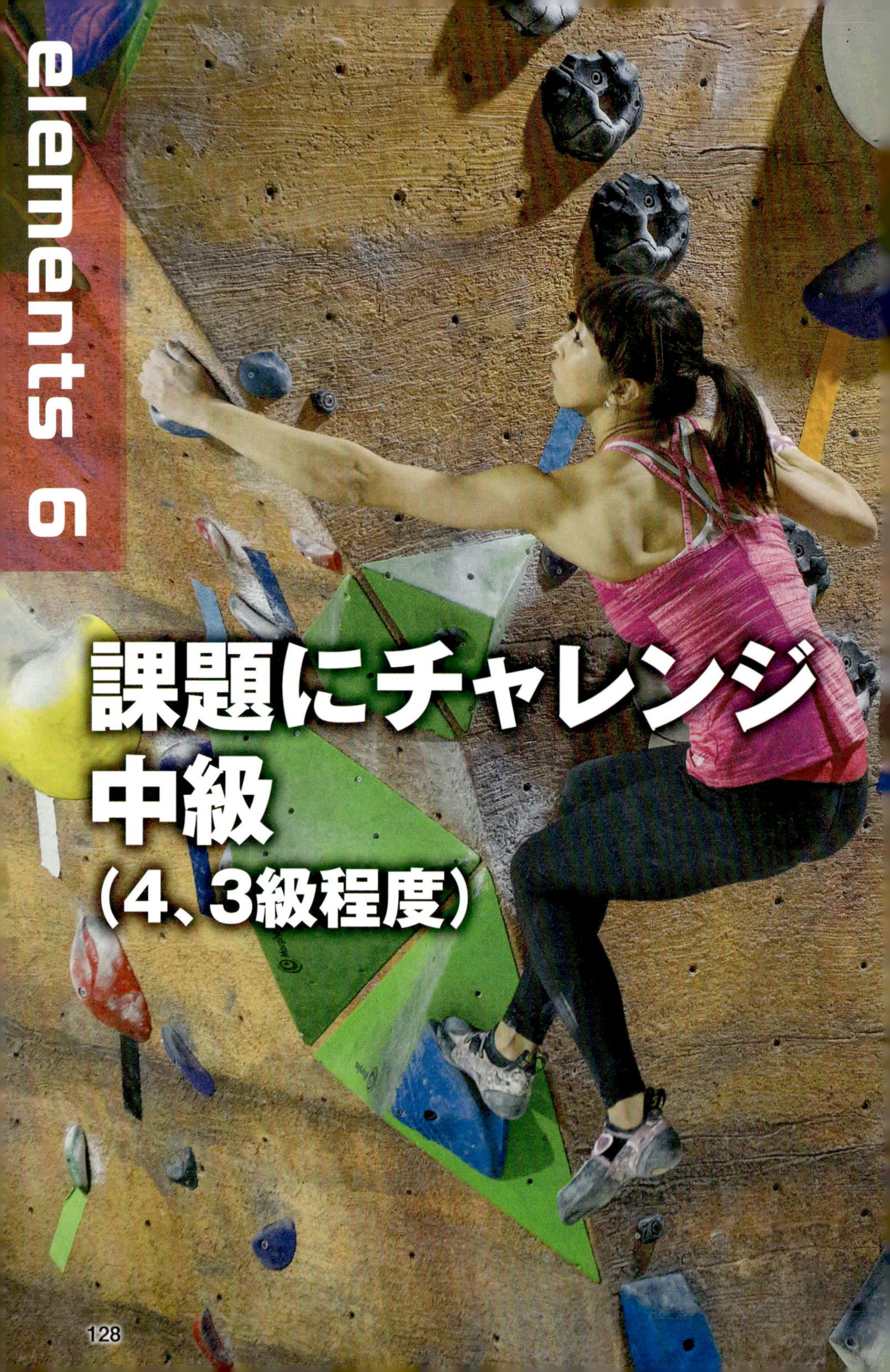

elements 6

課題にチャレンジ
中級
（4、3級程度）

CONTENTS

AR動画連動

中級課題01（4級程度／

デッドポイントの動きで中盤のホールドをつなぐ

1

2

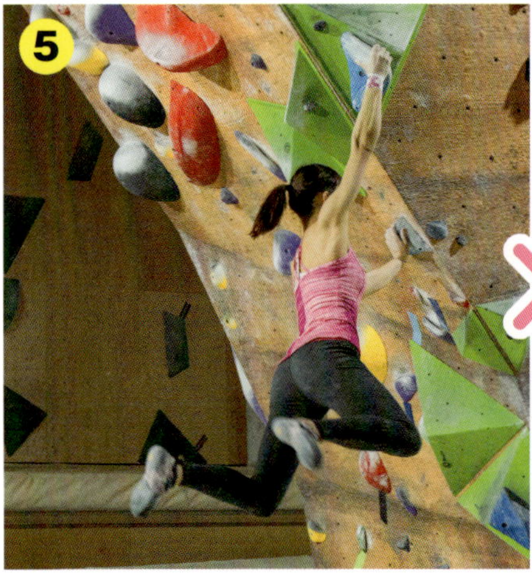
5

6
身体が壁に当たらないように右脚で勢いを吸収

立ち上がると同時に身体をひねりつつ腕を伸ばしていく

中盤のホールドをデットポイントで攻略するのが大事。まず、ホールドに乗せている足を左から右に乗せ替える（③）。なぜ乗せ替えるのかというと、左手左足だと身体が回りやすく、体勢

コーナー）

3
足を乗せ替え、
身体を沈ませ
低い体勢に

4
右足で立ち上が
り、次のホールド
に右手を伸ばしつ
つ身体をひねる

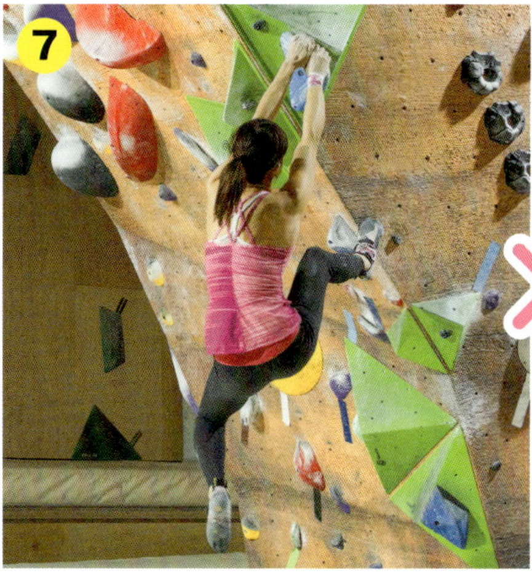
7

8

が悪くなり落下につながるからだ。左手右足（カウンターバランス）の体勢にして、ホールドをとりにいく。身体を一旦沈み込ませ（③）、乗せ替えた右足で立ち上がるように踏み切り、この動きにあわせて身体と右手を大きく伸ばし掴みにいく。また、身体を伸ばす時にひねりを入れ（④）、ホールドをとったあとは、壁に身体が当たらないように脚で衝撃を吸収する（⑥）。

AR動画連動

中級課題02（4級程度／

身体の中心に力を集めるように登る

1
ヒールフックで、全身をしっかり支える
2

足が外れないように身体全体で支える

壁のコーナーを挟み込むように左右に動きのある課題は、足が外れない（切れない）ようにホールドをつないでいくことが大切。ホールドに対して足先で立ち上がるような動きは使わず、身

コーナー）

elements 6

課題にチャレンジ／中級（4、3級程度）

力を上半身に集中させるように、ホールドを掴んでいく

体の中心に壁を掻き込むようなイメージで力を集中させ移動していこう（②～④）。足は、ヒールフックをうまく使いながら、バランスをとる（③）。そして、スローパーなどを掴む時は、指や手で無理に持とうとせず、肩から腕全体を使い、上半身で抱え込むようなイメージで持つといい（④）。全身を使ってホールドを持つイメージが大事になる。

AR動画
連動

中級課題03（3級程度／

両足が外れない（切れない）ように、バランスよ

1
ヒールでしっかり下半身を固定する

2

5
下向きのホールドは、アンダークリングで慎重に掴んでいこう

6

下半身を意識して
ホールドをとらえ
重心を移動させる

　傾きのある壁の課題は「手に足」「ヒールフック」「アンダークリング」などのパートで落ちやすい傾向にあるから注意したい。ヒールフックでホールドを掴む時は、下半身を中心に力を

傾斜）く登る

課題にチャレンジ／
中級（4、3級程度）

身体に掻き込むようなイメージで使う（①）。そして、アンダークリングをとりにいく時は、足が外れないようにホールドを真下に押すイメージで突っ張る（⑤、⑥）。ホールドをしっかりとらえバランスがとれたら、重心を移動させ次のホールドへ手を伸ばす（⑦、⑧）。レベルが上がるにつれ、課題を攻略するにはさまざまなテクニックが必要となる。

AR動画連動

中級課題04（3級程度／

ポジションと力をバランスよく使い移動する

1

2
上半身で抱え込むようにホールドを押さえ込む

5

6
ヒジを上げ身体を壁に近づける

ひとつでもバランスが崩れると落ちてしまう

中盤のマントルをいかに攻略するかがポイント。ホールドは、手や指だけで持つのではなく、上半身で抱え込み身体の中心に力を集めるようにしてとらえていく。そして、左足でヒールフッ

垂壁）

課題にチャレンジ／
中級（4、3級程度）

3

4
左手は親指を使いアンダーでホールドし、右手ではホールドを押すようにして身体を持ち上げ左足でも立ち上がる

7
左足の上に重心が近づきバランスがとれるようになったら、左手を次のホールドへ出す

8

クを使い（②）、上半身の抱え込みとあわせて身体を持ち上げていき、親指だけしかかからないアンダークリングのホールドを掴む（③、④）。左手の掴みと右手のマントルを押し上げる動き、そして、左足で立ち上がる動きをうまくバランスをとりながら行ない、全身を持ち上げていこう（④〜⑥）。安定感がでたら、次のホールドへと左手を出していく（⑦）。

AR動画連動

中級課題05（3級程度／

身体の中心に壁を掻き込むような意識で登る

1

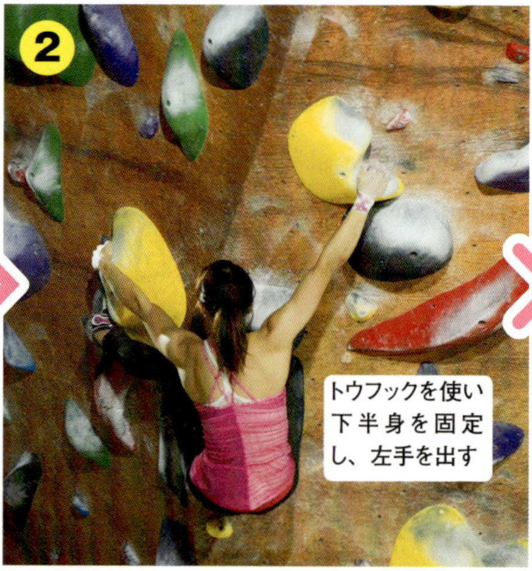
2
トウフックを使い
下半身を固定
し、左手を出す

5

6

バランスよく 左右に重心を動かし 課題を攻略したい

壁と壁のコーナーにある課題は、身体の中心にホールドを掻き込むようなイメージで力を使っていく。こうした課題は、左右にきれいに重心を移動させながらホールドを掴んでいく必要が

コーナー）

課題にチャレンジ／中級（4、3級程度）

3

4
手を持ち替えることで、遠いホールドをとらえる

7

8
右足のカカトの上に重心を乗せ両手でホールドを掴む

あり、左側で抱えながら右手を出して右側に移動（①～③）し、右側で抱えながら左手を出して移動（④～⑥）する、という動きが連続する。長く傾斜がある壁は一度足が外れたり（切れたり）、振られてしまうと体力が消耗し落ちる確率も高くなる。ヒールフックとやトウフックを要所要所で使いながら、なるべく足を外さないように登ることが重要だ。

AR動画
連動

中級課題06（3級程度／
手足の力のバランスを意識し立体的なムーブを

1

2
ほとんどのホールドが左側からとらえるようになっていることに注意

5

6
全体のバランスを意識しつつ手に足で移動する

バランスを意識し立体的なムーブで攻略する

ほとんどのホールドが左側を向いている。そのため、主だったホールドは、右手も左手も左から右方向に力を使い(②～④)、足は左側に押すように使い、全身でバランスを取りながら移動

垂壁）
心がける

3

4

7
右手で身体を支えつつ、左手をゆっくり動かして上のホールドを掴みにいく

8

していく必要がある。後半にあるマントルのような動きで攻略するホールドは、一度ぶら下がるような体勢を作る（⑧）。そのあとは、両手で引き上げてからさらに左手で押し上げ、ホールドを乗り越えていこう。手足の力のコントロールとバランス、そして立体的なムーブを心がけることが重要になる。手だけが強くても足だけが強くても、簡単には攻略できない課題だ。

AR動画連動

中級課題07（3級程度／

コーナーは、遠めにあるホールドの攻略がポイ

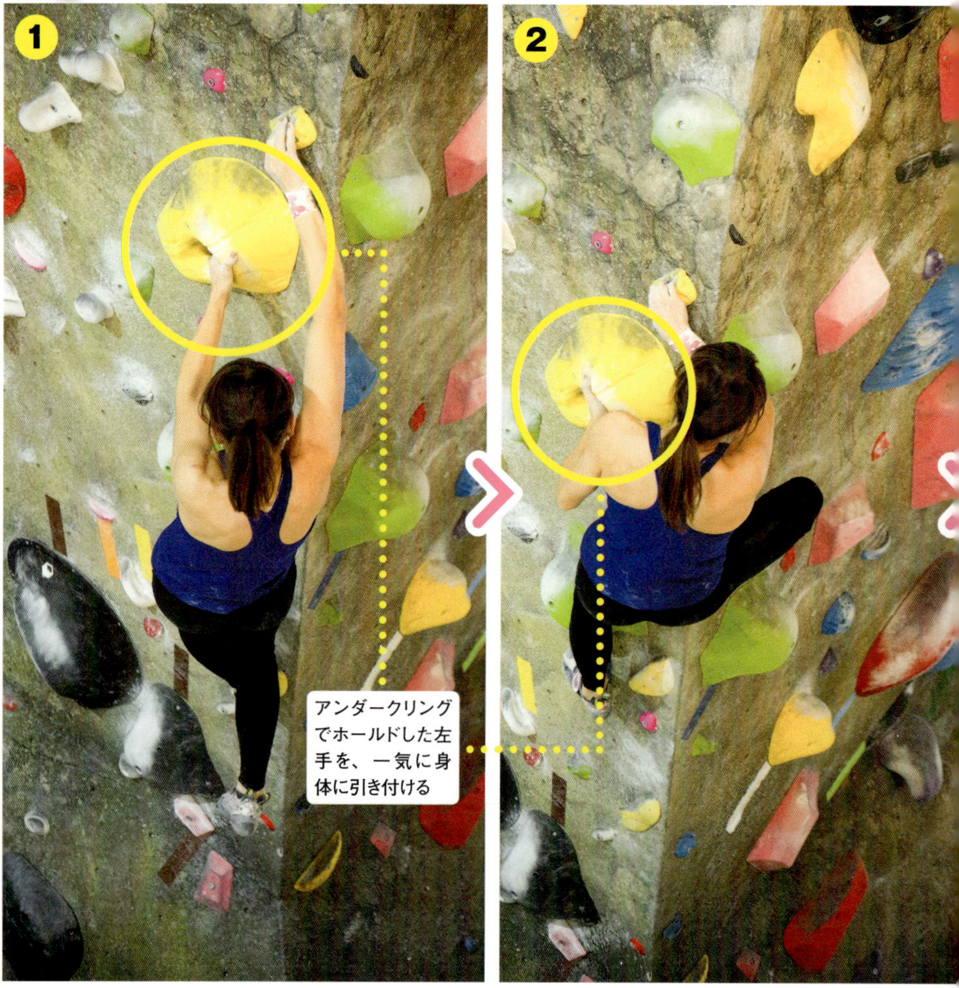
1
2
アンダークリングでホールドした左手を、一気に身体に引き付ける

遠めのホールドはデッドポイントのような動きで掴む

コーナーをまたいで、右から左、左から右、そしてまた右から左へのムーブでつないでいく課題は、中盤のホールドをアンダークリング気味に掴み、そこからややデッドポイントのような

コーナー）

ント

身体を壁に引き付けると同時に、左足で立ち上がり右手でホールドを掴みにいく

4

動きで次のホールドを掴みにいく動きが大事になる（②、③）。アンダークリング気味で掴むホールドから右のスローパーへのつなぎは、ただ手を伸ばしただけでは届かない。そこで、左手でホールドを固定し、小さく身体を振るように動かし右手でホールドをとりにいく（③）。デッドポイント的な動きも、距離に合わせて加減を考えながら試みたい。

課題にチャレンジ
上級
（2、1級程度）

CONTENTS

AR動画連動

上級課題01（2級程度／

下半身で身体が振られないように固定し上半身

1

2
右足で立ち上がるような
動きを使って、しっかりと
ホールドを掴みにいく

5

6

デッドポイント、手に足で中盤をスムーズに攻略

両手でホールドを身体へ引き込むような動きが必要となる課題は、左右の手を違う方向に動かしながら、ムーブを作っていく。この課題は、ほとんどがスローパー系のホールドで構成され、向きも同じものが多く、ホールドの向きを見て手足を効かせながら登る

強傾斜）で動いていく

課題にチャレンジ／
上級（2、1級程度）

柔軟性を最大限に使って「手に足」で難しい課題を攻略

必要がある。手足の動きにあわせて身体が振られないように、トウフックやヒールフックを使い、下半身を固定し上半身で動こう（⑦、⑧）。途中でホールドを取る時は、ややデッドポイントで勢いをつけたり（③）、上部の右手から左手に持ち替えるセクションも、ヒールフックで身体を固定し確実にとらえたい。ここは、オブザベーションの時点で動きを決めて攻略。中盤の大きいホールドは、スムーズな重心移動を意識しないとバランスがとれずに落ちてしまう可能性があるので注意。下半身をしっかり固定して攻略しよう。

AR動画連動

上級課題02（2級程度／

ホールドが確実に効く方向を意識して登る

左右の手が同じ圧で掴めるなら、手首をの角度を一緒に

身体をしっかり支えられるハリボテの角を掴みにいく

ハリボテにホールドがつけられたような課題は、いい掴みを確保するのが難しい。一手目からホールドとホールドの距離があると、それだけで悩ましい。この課題は、ハリボテの角を狙いにいき、しっかりと体重がかかる位置を見極め掴みにいくことが大切。もし

強傾斜）

課題にチャレンジ／
上級（2、1級程度）

2

手順を考えて、敢えて足のホールドを一度外すというやり方もある

ここで、理想とは逆向きに掴みにいってしまうと、それだけで簡単に手が剥がれてしまう。掴む場所はオブザベーションで決めておきたい。また、途中わざと足を外しポジションをニュートラルにしてから改めてホールドに足をかけるという動きもいれているが、こうした動きも難しい課題では必要になる。ハリボテの具体的な持ち方と効かせ方は、第三関節か第二関節かで掴んだうえで、そこから腕全体で効かせていく。ただ、ホールドの形次第で効かせ方は変わる。同じ圧で掴めるなら、手首を同じ方向にするといい。

AR動画連動

上級課題03（1級程度／

ハリボテの向きに合わせて身体を柔軟に移動さ

1
ハリボテの上についた、小さいホールドに足を乗せるイメージが作れるかが大事

2
まず、左手をホールドに伸ばす

5
右手でホールドを保持しつつ、左手を次のホールドへ

6
左下に重心を落としながらホールドを掴む

上下左右の重心移動を意識し身体を移動させ壁を登ってみよう

この課題は、スタート直後の動きがポイントに。右上のホールドを右手で掴みにいきたくなるが、あえて左手からいき右手に持ち替えてから（②、③）、今度は左手をそのまま左のホールドへとつなげていく（④）。この一連の流れを、ホールドから落ちずスムーズにできるかが大事になる。この手順は、

傾斜）

せていく

3
左手をクロスする
ように同じホールド
に右手をかける

4

7
右下に重心を落と
しながらホールド
を掴む。斜め下
方向に重心を落と
しながら登る作業
は、力加減と身
体の動かし方の
バランスが大切

8

オブザベーションの時点で決めておく。そして、全体の流れは足の位置で決まるが、最初にハリボテについている小さいホールドに左足をかけるイメージががあるかも大事になる（①）。これがないと、②から③という動きは作れない。課題が難しく、オブザベーションも難しい課題は、総合的に何でもできるかが大きな鍵となる。そして、登り出しても難しさは続く。やや斜め下向きのホールが続く課題は（⑥、⑦）、ホールドの向きにあわせて重心を落とし体勢を作る必要がある。優れたバランス感覚と絶妙な力配分が要求され、重心を立体的に動かしホールドをつなげながら攻略したい課題だ。

AR動画連動

上級課題04（1級程度／

スタート時の左手のプッシュと右足の蹴り出しが大

1

左手で壁を押し、右足で小さいホールドを蹴り出しながら右手を伸ばす

左手と右足のプッシュで頭上のホールドを確実につかむ

この課題も、スタート時の身体の使い方がとても大事になる。壁と壁が交わる凹の部分を縫うように登る課題は、左手で壁を押しながら上半身を支え、初めに右手を置いたスタートホールドを右足で蹴り出しジャンプする(①)。その勢いで、頭上にあるハリボ

**課題にチャレンジ／
上級（2、1級程度）**

傾斜）
事

中盤をステミングでバランスをとり、傾斜をスムーズにつなげていく

テについたホールドをデッドポイントで狙いにいこう。ジャンプする時は、身体が壁から離れないようにホールドを、目指してにまっすぐ飛ぶことがポイントだ。壁から離れるようなジャンプだと、最悪の場合ホールドをとらえられないこともあるので注意したい。

その後は、要所要所でスメアリングを多用し、全身でバランスをとってスムーズに登りたい。中盤では、ステミングでつなげていくところが出てくる②）。ステミングは、身体の柔軟性がものをいう。普段から、ストレッチを欠かさず柔軟性を備えておきたい。

AR動画
連動

上級課題05（1級程度／

課題を通して両手の引きと両足の押しを意識

1

2
左右の手首が
別々の向きで
ホールドをとら
えている

5
右手は引き、左手
は押し、右足は押
す。加減を考えバ
ランスをとる

6

手は引き足は押すを常に意識しながら壁を攻略する

スタートからとても難しい。両手両足でバランスをとり、手は引いて、足はホールドを押しつつ次のホールドを掴みにく（①、②）。本来、右手で引いて左足で押すとか、左手で引いて右

垂壁)

課題にチャレンジ／上級（2、1級程度）

3
ジャンプしながら身体を回し込み左右の手で別々のホールドをとらえる

4
いずれのホールドに対しても、手は引いて足は押す意識でとらえていく

7

8

足で押すという場合はば、バランスがとりやすい。しかしここでは、身体が回りやすく力を結構使う両手両足で飛び（②）、空中で身体を回しながら左右の手で別々のホールドを掴みにいっている（③）。この時、左足のスメアリングで体勢のバランスをとることが大切。中盤以降は、常にホールドの右側に身体を置きバランスをとり、手は引き足は押す意識で登ろう（⑤〜⑧）。

Column 4

身体の強さは必要。
でも、それだけでは
攻略できないのが
ボルダリングの世界。

スポーツをする上で身体の強さ、力というのは必要です。しかし、どんなスポーツでも力が最優先されるかというと、それはスポーツの性質にもよります。クライミングは、力があるからといって、必ずベストなパフォーマンスで課題が攻略できるかといったら、そんなことはありません。

クライミングは、自重がダイレクトに影響するスポーツです。筋力があっても、筋肉をうまく使えず、結果的に筋肉をつけたことで逆に体重が重くなり登れないという人がたくさんいます。力があっても、その力をうまくコントロールする方法がわかっていないと意味がないのです。力も必要ですが、その使い方がとても重要です。力を自在に使うためには、自分が今どこの筋肉を使っているか。使えているのかを理解することが大事です。常に100%の力を使っていると、身体はすぐに疲れてしまいます。できるだけ、力まないようにしながら、課題の流れを見て力の配分に強弱をつけて登るようにしましょう。オブザベーションでは、課題の攻略方法と一緒に力の配分も考えたいものです。

クライミングは自重がダイレクトに影響するスポーツと書きましたが、実際筋肉がつけば体重は重くなります。それでは、クライミングのための筋力アップを目指すには何を意識したらいいのでしょうか。クライミングは、全身を使うスポーツなので腕だけ強くてもいけないし、足だけ強くてもいけません。弱い関節や筋肉を意識します。

Column 4

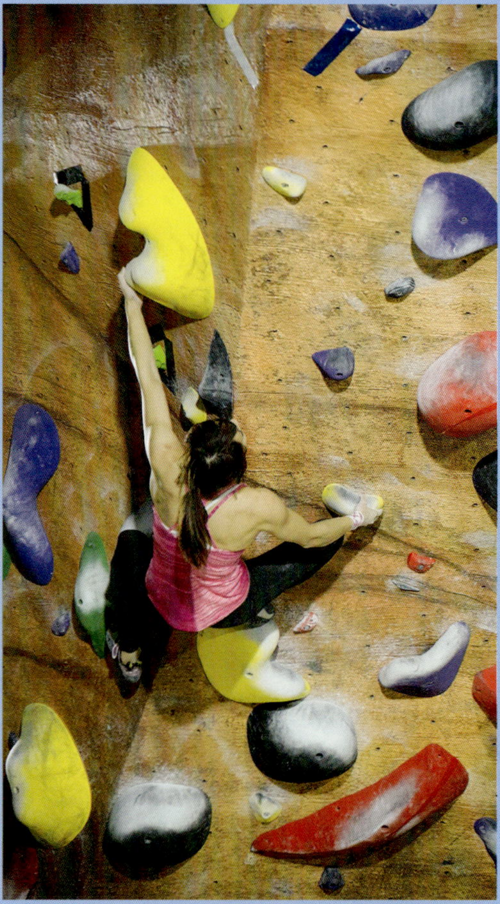

フィジカル
トレーニングは
上下左右の
バランスを考える

上半身が強いようなら、下半身も鍛えバランスをとる。体幹が弱かったらそこを意識して鍛えます。

日頃のコンディションや身体の変化、身体の使い方や癖。さらには、軸足がどっちなのかを把握し、その影響で身体の筋肉のバランスがどうなっているのかを考慮し、なるべく左右差をなくすようにします。苦手な身体の使い方、苦手な動きのパターンも把握することも大事になります。

クライミングは、どんなポジションからでも次のホールドをとりにいかなくてはなりません。身体の上下左右すべてを使ってベストなポジションを作り行なうスポーツは、バランスのとれた体形、筋肉というのが理想です。課題や壁の傾斜によって毎回違う動きを要求されるクライミングは、いろいろな意味で、バランスがとても大切なポイントなのです。そして、ケガをしないことも大事になります。一カ所ケガをすると、その場所から身体のバランスが悪くなるからです。ちなみに、トレーニングの頻度は、大会がない時は週に１日、２日程度。あとは自宅にあるフィンガーボードなどで微調整。大会がある時は疲労が残らないようにトレーニングは減らし、その分、空いている時間を筋力の回復のる時間にあてています。

自宅にあると便利なフィンガーボード

elements 8

ストレッチ&アイシング

CONTENTS

ストレッチ

日頃から、身体の柔軟性を維持するためにストレッチをしよう

ストレッチをする前に

基本的に、特別なルーティーンを決めてストレッチをすることはない。それでも、毎日何かしらするようにはしている。ストレッチの基準は、その日の身体の体調次第。その日の身体の固さや疲労度を考慮して、硬く感じる部位や疲労がたまっているような部位を中心にストレッチをしている。肩をよく使った日は肩を中心に。脚を使った日は脚を中心に。というような具合で、どこも満遍なくということはない。そして、ひとつのストレッチを何秒するというような決まり事もない。やりすぎて、必要以上に筋肉を緩めてしまうのはよくないが、その日のフィーリングで行なう時間を調整する。基本は、ストレッチをするタイミングで身体がどういった調子なのか。ということが大事になる。そして、毎日続けて習慣化し、自分が今どれだけ柔らかいのか。そして、ボルダリングをどれだけすれば、どれだけ凝ったりす、硬くなるかということを把握できるようにする。それがわかれば、その日の調子に合わせてストレッチをすることも難しくない。身体のコンディションに合わせたほうが効果的で、効率もいい。

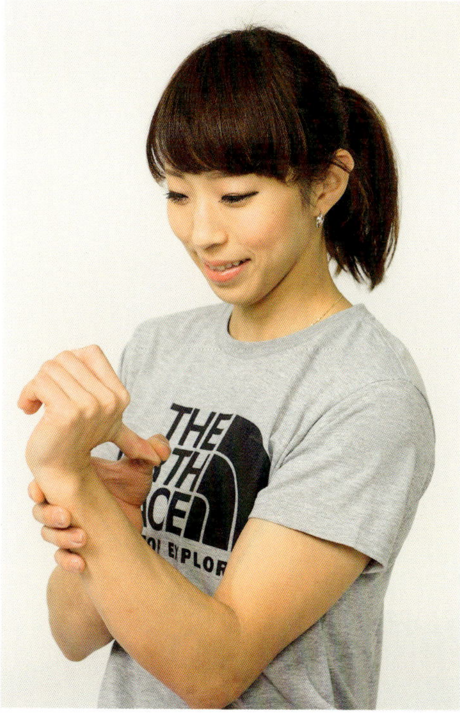

stretch 01
手のひらと指を伸ばす

手のひら全体、指の各関節をしっかり伸ばす。ボルダリングは、ホールドを握るために手や腕を酷使するスポーツ。筋肉が少ない手の周りは、酷使すると簡単にケガをする箇所でもあるので、日頃からいろいろな方向に伸ばして筋肉をほぐすようにする。

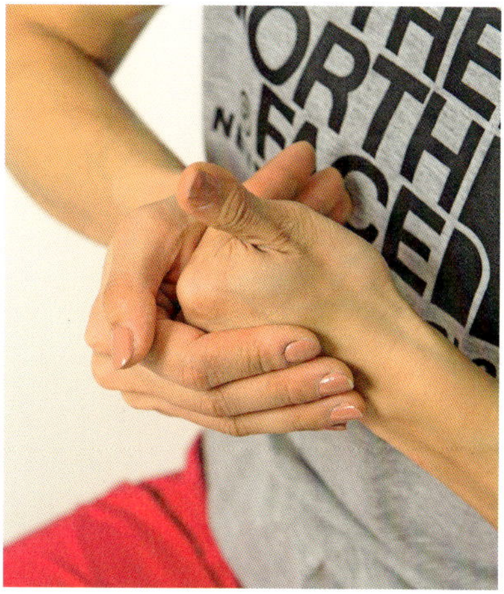

ストレッチ

日頃から、身体の柔軟性を維持するためにストレッチをしよう

stretch 02
前腕の表側を伸ばす

指や手首を動かす筋肉が集中する、前腕の筋肉をほぐす。腕を前にまっすぐ伸ばし、反対の手で伸ばしている手の指を手前に引く。腕前の筋肉は、さまざまな動きをする指や手首を動かす筋肉群が集まっている。当然、ボルダリングでは手を常に使うので、しっかりとストレッチをしたい。

stretch 03
前腕の裏側を伸ばす

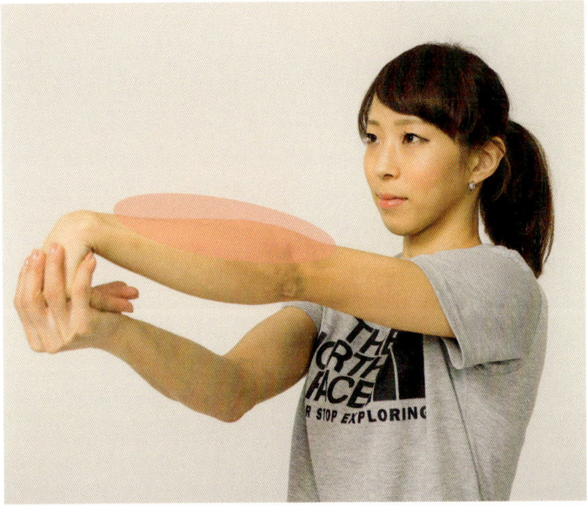

腕の前部分のストレッチと同様に、まず腕を前方向にしっかり伸ばす。そして今度は、手そのものをを前方向に倒して指を持ち手前に引く。こうすることで、腕の裏側の筋肉を全体的にストレッチすることができる。無理に引くと、逆に負担をかけてしまうのでゆっくり丁寧に行ないたい。

ストレッチ&
アイシング

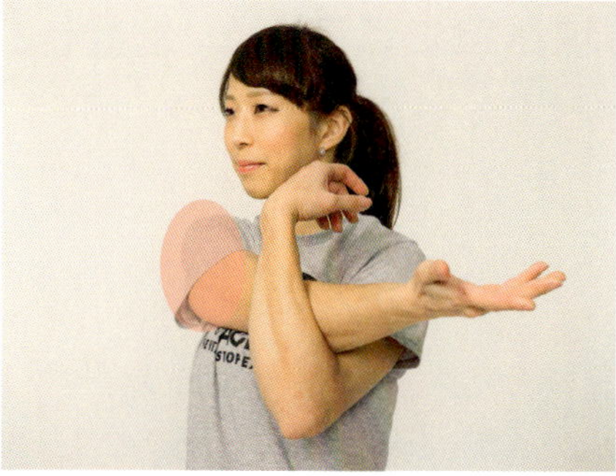

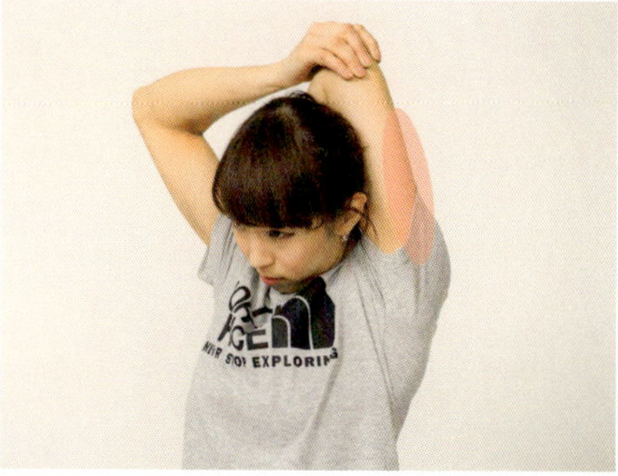

stretch 04
アームプル&エルボープル

　アームプル（左）で、壁を引き寄せたりヒジを曲げ伸ばしする時に主に動かす肩を伸ばす。ストレッチしたい腕の手のひらを上に向けヒジを伸ばし反対側の腕で身体側に引く。エルボープル（右）は、肩周りをほぐすストレッチ。ほぐしたい肩のヒジを反対側の手で持ち下方向に押し伸ばす。

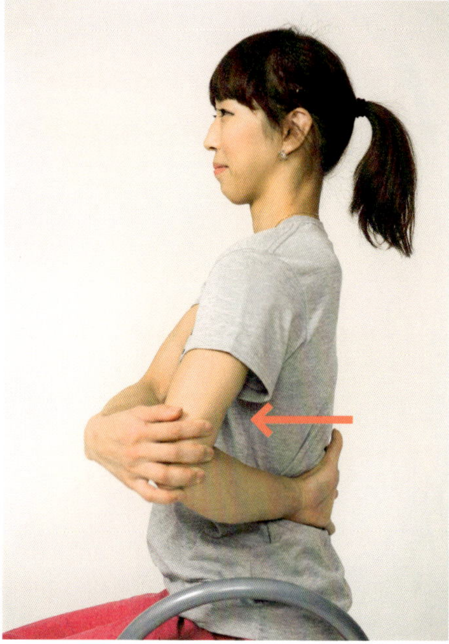

stretch 05
腕の側面、肩の裏側の筋肉をほぐす

　ボルダリングは手、腕、肩を常に使う。だから、疲労もたまりやすいし筋肉も凝る。そこで、腕や肩周りをストレッチ。片方の腕をヒジから曲げ、その曲げた腕の手首を腰に押しあてる。そして、反対の手で曲げたヒジを持ち、手前に引く。こうすることで、上腕の腕の側面と肩裏の筋肉全体をストレッチすることができる。首を伸ばし胸を張り肩は上がらないようにする。

ストレッチ

日頃から、身体の柔軟性を維持するためにストレッチをしよう

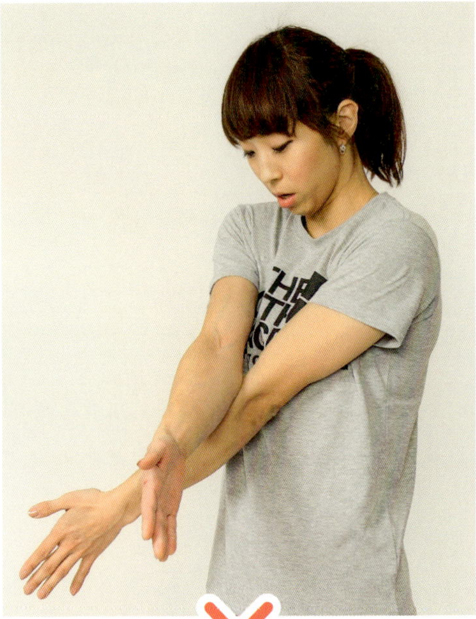

stretch 06

背中や肩甲骨周りの筋肉をほぐす

身体の前で手をクロスし、背筋を伸ばした状態で両腕を上方向に向ける。手を重ね合わせ親指を顔に向けるようにして手を上下させる。慣れてきたら鼻と親指の距離感を変えずに、今度は腕を上げると同時に上半身を反らす。こうすることで、背中や肩甲骨周りの筋肉をほぐすことができる。

ストレッチ

日頃から、身体の柔軟性を維持するためにストレッチをしよう

stretch 07
肩周りをほぐす

背中に両腕を回し両手を合わせる。これだけで、肩周り全体をほぐすことができる。よほど柔軟性がないと、写真のようにきれいに手を合わせることは難しい。最初は、無理をしない程度に手を合わせる意識で行なってみよう。

stretch 08
肩甲骨をほぐす

片側の手を背中側に回し、反対の手は、首を回し込むようにして背中側に回した手の指先をつかみ引っ張る。優しくゆっくり引き、肩甲骨周りの筋肉をほぐす。これも、しっかり柔軟性がないと指先をつかむのが難しい。最初は無理せず、指が届くかどうかから試してみよう。

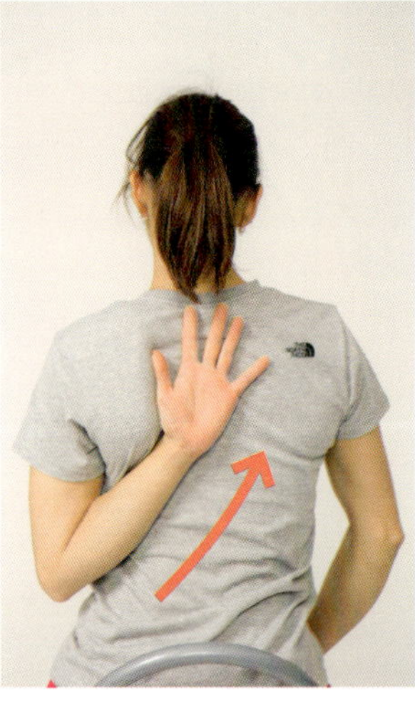

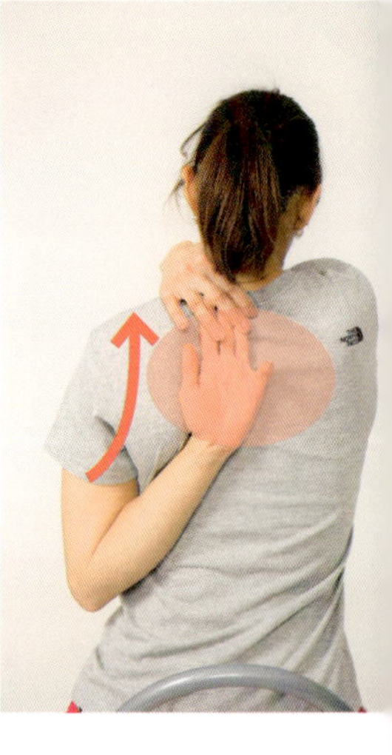

stretch 09
腕全体をほぐす

これも刺激的なストレッチ。両方の手を背中側で組み、手のひらを身体の外側に向けるようにする。その体勢から腕を少しずつ上げていき、最終的には上半身を前屈させる。こうすることで、腕全体から胸まで満遍なく伸ばすことができる。さらにはお尻から脚裏の筋肉全体を伸ばすことができる。

ストレッチ

日頃から、身体の柔軟性を維持するためにストレッチをしよう

basic

stretch 10
脚の裏を伸ばす

　オーソドックスなストレッチ。身体を前屈させることでお尻から脚裏全体の筋肉を伸ばす。脚を交差すると、後ろ側にある脚の裏側の筋肉を重点的に伸ばすことができる。クロスした場合は、左右の脚を入れ替えバランスよく伸ばすようにしたい。

cross

ストレッチ＆
アイシング

stretch 11
股関節と腰をしっかり伸ばす

肩を後ろ側に引く

ヒザを後ろ側に押す

両ヒザに手を置き肩を内側に入れると同時に、肩を入れたほうの手はヒザを後ろ側に押し、反対側の手は肩を後ろ側に引く。こうすることで、股関節を広げるのと同時に、肩を入れることで腰が回り、腰周りの筋肉を伸ばすことができる。

stretch 12
クロスオーバーツイスト

座った状態で、伸ばした脚の上をまたぐように片脚を立て、立てた脚のヒザの内側に腕を伸ばしヒジで脚を押すようにしながら上半身をねじっていく。こうすることで、腰周りをストレッチすることが可能だ。

ヒジで脚を外側に押す

ストレッチ

日頃から、身体の柔軟性を維持するためにストレッチをしよう

stretch 13
開脚前屈&側屈

できるだけ脚を開き、ヒザを曲げず足首を立て上半身を前に倒す。こうすることで、股関節や内転筋を伸ばすことができる。また、上半身を左右に倒すことで、上半身の側面の筋肉を伸ばすことが可能になる。最初から上半身が脚や床につく人はいないので、少しずつ身体を倒し筋肉をほぐしていこう。

check!

前屈できない人は
クッションなどに座り
上半身を倒す

前屈をしたくても、上半身がなかなか倒れないという人は、お尻の下にクッションなどを入れるといい。適度に高さを出すことで、上半身が自重で倒しやすくなる。この方法は、思った以上に効果的。トライしてみよう！

stretch 14
股関節、太ももの前後を伸ばす

かなり上級ストレッチ。脚を前後に開くことで股関節周りをはじめ、太ももの前後の筋肉をストレッチする。いきなり、股関節が床につく人はなかなかいないので、できる範囲で脚を開いて伸ばしてみよう。

stretch 15
臀部や股関節・太もも周りを伸ばす

前後の開脚がなかなか難しいという人は、前脚はヒザから曲げ横に倒し、後ろ脚は身体の後方に伸ばす。ヒザを折り曲げた前脚の臀部と後ろ脚の付け根部分を同時に伸ばすことができる。慣れないうちは、後ろ脚を曲げてもいい。

ストレッチ

日頃から、身体の柔軟性を維持するためにストレッチをしよう

stretch 16
太ももの前側、足首を伸ばす

股関節を開き、ヒザを曲げ足首を伸ばすストレッチ。写真のように右ヒザを曲げ足首を持って伸ばすことで、太ももの前側とスネの筋肉を伸ばすことができる。左右の脚をバランスよく伸ばすようにしたい。

stretch 17
背骨全体を伸ばす

首から背中全体を伸ばすことができるストレッチ。より負荷をかけるためには、ヒザを床側に落としていくと、身体の背中側を全体的に伸ばすことができる。無理をしてしまうと、首や腰を痛めることになりかねない。筋肉の伸び具合を感じながら、ゆっくり行ないたいストレッチだ。

stretch 18
首と背中を伸ばす

身体の部位のなかでも非常に重量がある頭。そして、それを支える首は、ボルダリングでも頻繁に使われる筋肉だ。非常に凝り固まる場所でもあるので、ストレッチを念入りに行ないたい。手を頭の上に乗せアゴを引きながら頭を後方に引いていく。首の後ろ側の筋肉を伸ばすことができる。

stretch 19
首の側面を伸ばす

前方向に倒したら、今度は横方向に頭を倒す。手を側頭部に乗せ右手なら右方向に、左手なら左方向に引くようにして頭をゆっくり倒す。この時、反対側の肩を下げるのがポイント。首周りは、前と左右に頭を倒すことでしっかりと筋肉を伸ばすようにしよう。

ストレッチ

日頃から、身体の柔軟性を維持するためにストレッチをしよう

stretch 20

体幹の表と裏をほぐす

手と脚を肩幅くらいに広げ、両手と両ヒザで床を押しながら背中を丸める。こうすることで、肩周りを中心に背中全体を伸ばすことができる。背中を充分丸めたら、今度は逆に背中を弓なりに反らせてみよう。こうすることで、体幹の表と裏をバランスよくほぐすことができる。表と裏のバランスよく身体を動かすためには欠かせないストレッチだ。

**日頃から、身体の柔軟性を維持するために
ストレッチをしよう**

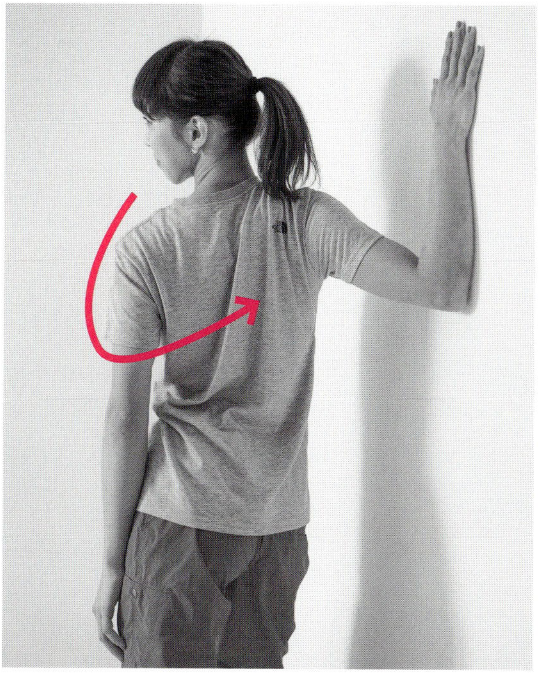

stretch 21
壁を使い、肩と胸をほぐす

ここでは壁を使ったストレッチ法を紹介する。写真のようにヒジから手のひらを壁につけ、それを支点に全身を横に向ける。こうすることで、肩や胸の筋肉を伸ばすことができる。自宅でも簡単にできるストレッチ法だ。顔の向きを矢印のように後方へ向けると、より強度なストレッチが可能だ。

stretch 22
壁を使い、胸とお腹、太もも裏を伸ばす

ヒジで壁を押した姿勢から、胸を反らせていく。この時、脚はヒザが曲がらないように伸ばす。こうすることで、下半身の裏側の筋肉も伸ばすことができる。

アイシング

手や腕の痛みを最小限に抑え、回復力アップ!

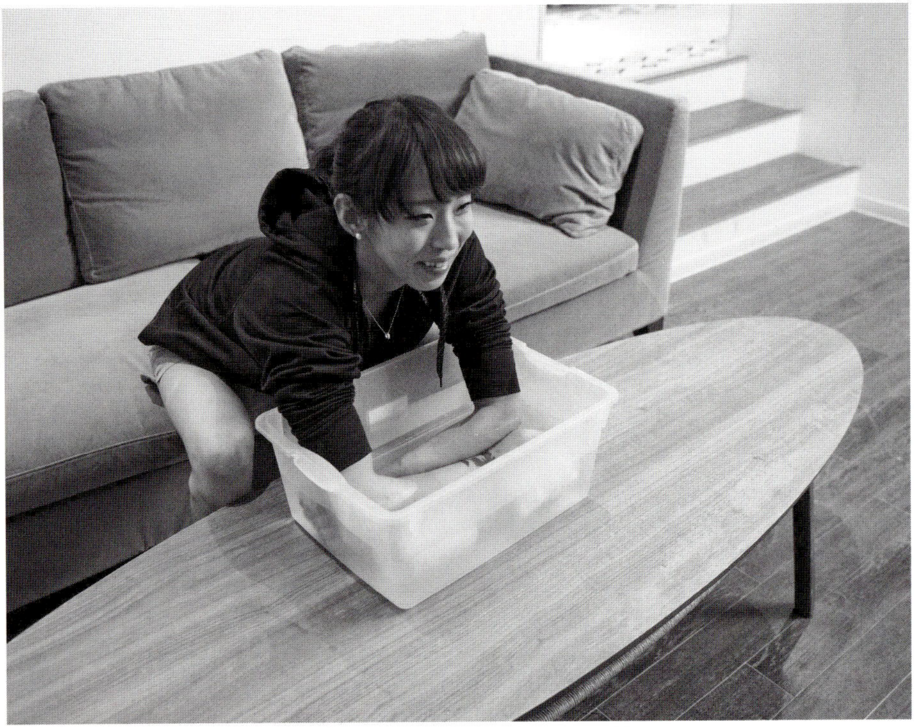

時間を惜しまず冷たさを我慢してアイシングをしたい

　ボルダリングは、ホールドを手で掴んだり指をかけたりしながら壁を登っていくスポーツ。そのために、手や腕を酷使してしまう。場合によっては、手や腕が内出血や炎症を起こし傷つくこともある。そこで、内出血や炎症をくい止め、傷を癒し回復力を高めるためにアイシングをするようにしよう。傷ついた細胞はそのままにしておくと、周りの正常な細胞をも死滅させてしまい、傷の回復が遅れる原因となる。そこで、壁を登り終えたら素早くアイ

肩などは携帯用の氷嚢を使い冷やす

酷使した身体は素早くアイシング。これが鉄則。肩などアイシングがしづらい部位は、氷嚢などを用いて部分的にアイシングを行なうようにしよう。こうすることで、念入りに患部をアイシングすることが可能になる。

シングをすることをおすすめする。そうすることで、正常な細胞の代謝を促進させ、傷ついた細胞の影響を受けにくくする。また、冷たくすることで神経の伝達作用が鈍り痛みが和らぐという効果もある。アイシングは20分くらいが目安。冷たくて我慢できないからといって短く済ませてしまうと、傷口の炎症をくい止める効果を引き出すことができない。傷口の素早い回復を考えたら、最低でも20分前後は行なうようにしたい。

check!

ジムによっては アイシング用の氷を 準備してくれるところも

最近は、アイシング用の氷を予め用意し、専用のバケツと合わせて無料で利用できるジムが増えている。ただ、氷は使ったら、次の人のためにちゃんと容器に水を入れて作ることを忘れないように。これは、ジム利用のマナーだ。

elements 9

ボルダリング
Q&A

CONTENTS

Q1 トレーニングや
身体のケア以外で
クライミングのために
していることは？

Q2 指や手のケアは
どんなことを
していますか？

Q3 食べ物の種類や
食事の摂り方で
気をつけていることは
ありますか？

Q4 ジムと外岩では
何が一緒で
何が違いますか。
外岩の魅力は？

Q1

トレーニングや身体のケア以外でクライミングのためにしていることは？

A

うまいクライマーの登り方をはじめ、子供が登っている映像などを見ます。

Photo:Base Camp

いろいろなクライマーのクライミング映像をよく見ます。やはり登り方のうまい人の映像は、とても参考になります。そして、W 杯の男子の映像なども参考にします。あと、子供が登っている映像なども見ます。難しいことを考えずに登っている子供の動きは、とても自然な動きをしていることが多いんです。身体を上手に使っていて侮れません。思った以上に、見ていてすごくおもしろい。それこそ発見だらけです。日常でも、子供がジャングルジムや木登りなど、誰かに教えられなくても上手にスムーズに登っている姿を見かけます。大人は、意外に頭で考えると逆にどうしていいかわからなくなりますが、子供は頭より先に身体を動かして登っています。そういう時は、いいポジションができています。力がない人が登っている姿も、それに近いものがあり、綺麗でスムーズに身体が使えています。筋肉のある男子より、筋肉のない女子のほうが綺麗だったりもします。力を使わずに登っている姿は、本来の人間の身体の動き方が見られような気がして、とても勉強になります。

Q2

指や手のケアはどんなことをしていますか？

A

冬場は乾燥しやすいので保湿クリームなどを塗ります

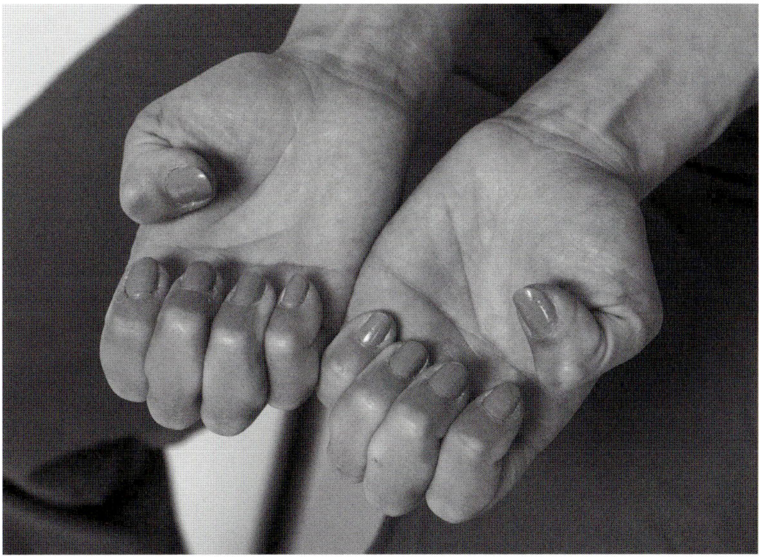

爪や指は、日頃からケアしています。指は登る前と登った後は必ずストレッチをするようにしています。クライミングでは、とにかくたくさん指や手を使います。ただ掴むだけじゃなく、課題にあわせて普段しないような使い方をたくさんするので、念入りにストレッチをします。また、追い込んだ日はアイシングもして、しっかり休ませます。

また、クライミングは指皮を消耗するので、トレーニング後は指皮を回復させるためのクリームも塗ります。手のケアは、こまめにしています。

身体のメンテナンスに関しては、その日のコンディションに応じて、凝っている部分を丁寧にほぐします。セルフケアのアイテム（p24で紹介）もよく使います。できるだけ、疲れを溜めないようにしています。

その他には、週に1日程度は整体で身体の軸の歪みを治してもらっています。クライミングは、身体の左右のバランスがとれているのが理想です。全身の歪みをなくすことで、普段からストレスの少ない、バランスを保つようにしています。

Q3

食べ物の種類や食事の摂り方で気をつけていることはありますか？

A

栄養のバランスを考えて食事をします。体重は以前ほど意識していません。

以前は、体重を意識的に落としていたので、それを踏まえての食事内容でした。しかし、今はまったく落とすことを意識していません。体重は軽いほうが、絶対にホールドが掴みやすく、ホールドを掴んでからの保持力も長く保てます。でも最近は、体重が重くてもいいということはないのですが、栄養がきちんと摂れていて、程よく力が入れられるような身体を作るようにしています。現在の課題の傾向を考えると、難しい課題になればなるほど身体の動かし方だけではどうやっても登れない課題もあり､力が必要になります。また、筋肉がないと関節も痛めやすくなり伸びてしまうので、栄養のバランスを考えて食事をし、適度に筋肉もつけ全身のバランスを整えています。軽さへの固執はなくなりました。

食事は、登る前は基本的にお腹が重く感じるようなものは食べません。登る気力もなくなりますし、手先の感覚も薄くなるような気がします。筋トレをした後の食事はビタミンB1やクエン酸を意識して食べます。普段は､､基本的に栄養のバランスを考えてほどよく食事を摂るようにしています。

Q4

ジムと外岩では何が一緒で何が違いますか。外岩の魅力は？

A

ジムにある人工の壁と自然にある壁では環境の違いが大きく作用します。

ボルダリング
Q&A

Photo:Eddie GIANELLON

外岩の魅力は、インドアのクライミングとは違い、自分だけのコンディションではなく岩のコンディション、自然のコンディションを考えて登らないといけないということです。

それは、自然はインドアのようにいろいろなことを人工的に調整することができないということです。すべては、天候に左右されます。エアコンの効かないアウトドアでは、気温や日差し、風の状態によって、コンディションが大きく変わります。当然、湿度も影響してきます。気温が低くいと身体が動かしづらくなるし、風が吹くと身体が振られたり、体温も奪われます。湿度が高ければ岩の表面が水分を含みしっとりした感じになりすべりやすく危険です。手で掴んだり、足をかけたりする場所をしっかりと保持できなくなり、登ることが格段に難しくなります。

自分だけでなく、自然が生み出す状況とも折り合いを付けなくてはならない外岩。自分だけでは、ことがうまく進まない。でも、それが岩と会話をしているようでおもしろかったりします。そして、やはり自然のなかなので、ふとした時に癒される感じが、心地いいです。

Column 5

ボルダリングは日本人に向いているスポーツ!?

Ｗ杯を転戦することで、世界のクライミングシーンにも触れる機会がたびたびあるのですが、クライミングが好きな外国人でも、日本人のように週に何度もクライミングジムに通う人はいません。日本人はクライミングが、とくにボルダリングが大好きなだと思います。

アメリカは、クライミングジムとフィットネスジムが一緒になっているケースが多く、筋トレする人がついでにクライミングをするといった雰囲気があります。対してヨーロッパは、そもそも山や外岩の環境が整っていて、そうした環境でクライミングを始める人が多いので、ジムに通い詰めるといったことはありません。ヨーロッパアルプスは、クライミング文化発祥の地でもあるので、生活のなかにクライミングがあるという感じ。自分が楽しみたい時に、外岩を楽しむ人が多いと思います。

日本人は週に何度も、人によっては毎日登っている人もいます。サプリを取り入れ、ストレッチを念入りに行ない、とにかくクライミングに対して意識が高い人が多いと思います。クライミングは、体格の差があっても、頭を使いテクニックを駆使することでカバーできるスポーツです。いろいろと試行錯誤しながら問題を克服し楽しむことが得意で物事を極めることが大好きな日本人は、クライミングがあっているのかもしれません。テクニックの理解度が高く、掘り下げて楽しむことがうまい日本人。クライミングほど、日本人に向いているスポーツはないと思います。

STAFF

写真	佐藤整
スペシャルアドバイザー	佐川史佳
本文デザイン	上筋英彌、上筋佳代子（アップライン株式会社）
カバーデザイン	柿沼みさと
動画撮影・編集	星野高行（株式会社 CK4 Digital Movie Works）
撮影協力	B-PUMP 荻窪店
取材協力	スポルティバジャパン、ロストアロー、 平川直子（株式会社 Base Camp）、 湯本友貴花（株式会社 Base Camp）

パーフェクトレッスンブック

ボルダリング　基本ムーブと攻略法

監　修	野口啓代（のぐちあきよ）
発行者	岩野裕一
発行所	株式会社実業之日本社
	〒153-0044
	東京都目黒区大橋1-5-1　クロスエアータワー8階
	[編集部] 03-6809-0492
	[販売部] 03-6809-0495
	実業之日本社ホームページ　http://www.j-n.co.jp/
印刷・製本所	大日本印刷株式会社

©Akiyo Noguchi 2017 Printed in Japan （アウトドア）
ISBN 978-4-408-02612-1

本書の一部あるいは全部を無断で複写・複製（コピー、スキャン、デジタル化等）・転載することは、法律で定められた場合を除き、禁じられています。また、購入者以外の第三者による本書のいかなる電子複製も一切認められておりません。落丁・乱丁（ページ順序の間違いや抜け落ち）の場合は、ご面倒でも購入された書店名を明記して、小社販売部あてにお送りください。送料小社負担でお取り替えいたします。ただし、古書店等で購入したものについてはお取り替えできません。定価はカバーに表示してあります。小社のプライバシーポリシー（個人情報の取り扱い）は上記ホームページをご覧ください。定価はカバーに表示してあります。